systemed
verlag

Für Michael und all die anderen Abschiede

Jutta Martha Beiner

Mut zur Trennung

Plädoyer für eine mutige und produktive Entscheidung – Kinder brauchen Aufrichtigkeit

Inhalt

© Marcus Taeschner

Vorwort

Die Psychologie zählt die eheliche Trennung/Scheidung zu den sogenannten »kritischen Lebensereignissen«. Damit bezeichnet man abrupte Veränderungen in der Lebenssituation sowie eine Zuspitzung von Geschehnissen, die die Person nicht mehr mit ihren üblichen Verhaltensmöglichkeiten bewältigen und unter Kontrolle bringen kann. Es entsteht ein Kampf an zwei Fronten: Zum einen wirkt von innen die emotionale Verwirrung belastend. Die Neuorganisation der Persönlichkeit erfordert große Anstrengungen. Die Trennung/Scheidung wird von seelischen Verletzungen, Ängsten, Enttäuschungen, Verzweiflung oder Wut begleitet. Zum anderen stürmen von außen zahlreiche Herausforderungen auf die Betroffenen ein. Es müssen Sorgerechtsfragen, finanzielle Probleme sowie gegebenenfalls Konsequenzen hinsichtlich Beruf und Wohnsitz geklärt werden. Es gilt, neue Zukunftsperspektiven zu entwickeln.

»Kritische Lebensereignisse« sind grundsätzlich bivalent, d.h. sie bergen die Gefahr des Scheiterns in sich und können Erkrankungen verursachen; sie bieten aber auch die Chance für Wachstum und Weiterentwicklung. Gerade weil die eingespielten Verhaltensroutinen nicht mehr ausreichen, um die Vielzahl an tief greifenden Veränderungen zu bewältigen, können neue Potenziale der Persönlichkeit entdeckt werden. Dieser Aspekt betrifft ein zentrales Anliegen des vorliegenden Buches von Jutta Martha Beiner. Die Autorin zeigt, wie wichtig es bei einer Scheidung ist, auf die eigenen Kräfte zu vertrauen und sich auf die neuen Möglichkeiten zu konzentrieren. Dabei plädiert sie nicht nur für Mut bei Veränderungen, sondern bietet praktische Hilfen an, wie man die Herausforderungen meistern und sein Schicksal wieder selbst in die Hand nehmen kann. Dieser Wachstumsprozess hat nicht nur positive Konsequenzen für die Gestaltung der äußeren Lebenssituation, sondern wirkt auch nach innen zurück in Form höherer Selbsterkenntnis.

Bei einer Trennung/Scheidung ändert sich das familiäre Beziehungssystem. Die Bewertung dieses Prozesses hat sich in den letzten Jahrzehnten erheblich gewandelt. Bis zu den 1980er-Jahren gingen Psychologen und Juristen davon aus, dass sich die Familie mit der Scheidung auflöst. Als Konsequenz daraus galt es zu entscheiden, welcher der beiden nunmehr getrennten Ex-Ehepartner das Sorgerecht für die Kinder erhalten solle.

Dieses wurde in der Regel allein der Mutter zugesprochen. Zunehmend setzte sich jedoch die Erkenntnis durch, dass das Ende der Ehe nicht mit der Auflösung der Familie gleichgesetzt werden könne. Dies gilt insbesondere, wenn man die Bedürfnisse und die Sichtweise des Kindes berücksichtigt. Die Kinder wünschen sich in der Regel nichts sehnlicher, als dass die Eltern zusammenbleiben mögen. Es sind die Erwachsenen, die sich trennen wollen. Im Erleben des Kindes überdauern die familiären Zusammengehörigkeitsgefühle die Trennung der Eltern. Man spricht von einem »multiplen Bindungssystem« des Kindes, zu dem neben den Eltern gegebenenfalls auch die Geschwister, die Großeltern und andere Verwandte gehören.

Daraus ergibt sich die Schlussfolgerung, dass dem Kindeswohl nach einer elterlichen Trennung/Scheidung am besten dann gedient werden kann, wenn das Bindungssystem des Kindes möglichst unbeschädigt bleibt, das Kind also den Kontakt zu seinen vertrauten Bezugspersonen beibehalten kann. Das alte familiäre System löst sich also nicht auf, sondern wird umstrukturiert zu einer Nachscheidungsfamilie. In einer meiner wissenschaftlichen Studien mit Nachscheidungsfamilien ließen sich drei unterschiedliche Verläufe kindlicher Problembelastung ermitteln. Ein Typ war längerfristig verhaltensauffällig, ein zweiter Typ zeigte nur kurz nach der Trennung Belastungssymptome und erholte sich danach schnell, ein dritter Typ blieb sogar während des gesamten Trennungsgeschehens psychologisch unauffällig. Als weniger belastet erwiesen sich diejenigen Kinder, die weiterhin eine positive Beziehung zu ihrem nunmehr getrennt lebenden Vater unterhielten. Aber auch die Beziehung zu den Geschwistern und den Großeltern konnte unterstützend wirken, da sie durch Kontinuität in einer Zeit gekennzeichnet war, in der die elterliche Beziehung tief greifende Veränderungen und Konflikte aufwies.

Die psychologischen Erkenntnisse führten zu Reformen im Familienrecht. So wurde in Deutschland 1982 neben dem alleinigen Sorgerecht die gemeinsame elterliche Sorge ermöglicht und 1997 zum Regelfall erklärt. Die darauf folgenden psychologischen Untersuchungen bestätigten weitgehend die positiven Effekte, die man sich von der Gesetzesänderung erhofft hatte. Allerdings bietet das gemeinsame Sorgerecht nur eine günstige juristische Basis, um die scheidungsbedingten familiären Probleme besser bewältigen zu können. Die Effekte treten nicht automatisch auf, und es kann auch Kontraindikationen geben, etwa wenn eine Gefährdung oder Entführung des Kindes zu befürchten ist. Die größten Schwierigkeiten birgt die Forderung an die Scheidungswilligen, als Eltern weiterhin zu kooperieren, während sie sich als Paar trennen wollen. Sie müssen zuvor ihre tief greifenden persönlichen Konflikte und ihre Streitigkeiten über die vielen neuen Regelungen, die nur zu treffen sind, bewältigen. Als günstiger Rahmen für die Aufarbeitung und Lösung dieser Herausforderungen hat sich die Scheidungsmediation bewährt. Es handelt sich um ein Vermittlungsverfahren mit dem Ziel, Einvernehmen hinsichtlich der elterlichen Sorge, des Besuchsrechts, der Unterhaltszahlungen und der Verteilung des bislang gemeinsamen Eigentums zu erreichen. Es soll möglichst keine Gewinner und Verlierer geben, die Verantwortungsgemeinschaft der Eltern soll gestärkt werden. Den Eltern kann vermittelt werden, dass die sozialen Bindungen des Kindes nicht nach dem »Nullsummenprinzip« funktionieren, dass also die Beziehung zu einem Elternteil nicht auf Kosten der Beziehung zu dem anderen Elternteil gehen muss. In psychologischen Untersuchungen fand man vielmehr, dass gute Beziehungen zu beiden Elternteilen sich gegenseitig stabilisieren und fördern. Dies funktioniert jedoch nur, wenn die Eltern die Kinder nicht mit Loyalitätskonflikten belasten. Die Eltern müssen also lernen, ihre gestörte Paarbeziehung zumindest so weit unter Kontrolle zu bringen, dass sie die Eltern-Kind-Beziehungen nicht unmöglich macht.

Die Kommunikationsfähigkeit zwischen den (Ex-)Ehepartnern ist somit für die Bewältigung des Scheidungsgeschehens äußerst wichtig. Das Buch von Jutta Martha Beiner widmet sich zu Recht der Förderung dieser Kernkompetenz. Es versteht sich als ein »Trennungswegweiser«, der konkrete Übungen zu einer lösungsorientierten sozial-emotionalen Kommunikation anbietet. Das Besondere an diesem Ratgeber ist, dass die wertvollen praktischen Hilfen durch neueste sozialwissenschaftliche und neurobiologische Forschungsbefunde untermauert werden. Dies belegen auch die Interviews mit Fachleuten, die vertiefte Einblicke in die seelische und körperliche Seite belasteter sozialer Beziehungen gewähren. Zur Veranschaulichung dienen Fallbeispiele und Erfahrungsberichte. Sie zeigen, wie unterschiedlich die Schicksale von Betroffenen sein können und welche Lösungen für die spezifischen Probleme gefunden wurden. Ich bin mir sicher, dass dieses Buch vielen Menschen als wichtiger Begleiter bei ihrer Trennung/Scheidung dienen kann und die Unterstützung vermittelt, die ihnen auf dem Weg in ein neues Leben weiterhilft.

Köln, im April 2013

Prof. Dr. Ulrich Schmidt-Denter

Einleitung

Trennung als natürlicher Teil des Lebens

»Ich setzte den Fuß in die Luft, und sie trug.« — Hilde Domin

Trennungen geschehen täglich und überall. Die meiste Zeit sind sie unspektakulär, kaum der Rede wert und Boten der Vergänglichkeit. Nie bleibt etwas, wie es einmal war – Kinder werden flügge, die Haare grau und auf dem idyllischen Marktplatz der Schulzeit stehen längst gigantische Bürogebäude.

Veränderung und Entwicklung sind die Lebensprinzipien schlechthin. Meist wachsen wir zum Glück allmählich in sie hinein. Doch dann erschüttern uns Brüche, die Spuren hinterlassen und Grenzen torpedieren. Wenn eine Ehe mit Kindern auseinandergeht, kann das den Alltag der Familie vorübergehend ins Chaos stürzen. Dabei spielt es kaum eine Rolle, ob die Trennung selbst gewollt ist oder unerwartet durch die Hintertür zu uns gelangte. Wenn wir verlieren, was uns bis dato selbstverständlich durchs Leben begleitete, gilt es mehr als alles andere, mutig zu sein.

Ist Mut etwa ein Anachronismus, wo heute, mehr als bei früheren Generationen, alles doppelt und dreifach abgesichert sein sollte, gerade wenn es um die Kinder geht? Nein! Keinesfalls! In Zeiten von Burn-out und raschem, gesellschaftlichem Wandel, wo Stille zum Luxusgut geworden ist, kann es Berge versetzen, seinen ganz persönlichen Mut zu entdecken, der uns nach vorn führt. Mut hilft in Trennungsphasen, seinem Leben eine neue Richtung zu geben. Sich nur für die Kinder aufzuopfern und etwa an einer überlebten Beziehung festzuhalten, kann sehr destruktiv wirken, nicht zuletzt, weil es den Kindern Verantwortung dafür aufbürdet. Hingegen sind Aufrichtigkeit und Integrität, nach Ansicht etlicher Fachleute, zeitgemäße Vorbilder, die Söhnen und Töchtern helfen, lebenstüchtige Erwachsene zu werden. Eltern, die im Einklang mit sich selbst sind, haben häufiger auch Kinder, die in sich ruhen. Rund 200.000 Paare in Deutschland landen jährlich vor dem Scheidungsrichter. Doch eine Trennung ist nicht das Ende. Auch muss sie kein gescheiterter Lebensentwurf sein, obwohl es sich für manche in der ersten Zeit danach, so anfühlen mag.

Ich möchte in diesem Buch zu einer neuen Perspektive rund um Trennungen anregen, die den Fokus von der eigenen Ohnmacht auf die eigenen Möglichkeiten richtet. Jede Trennung birgt in sich ein enormes Potenzial. Immer fordert sie uns auf, sich auf das Wesentliche zu konzentrieren und die eigenen Kräfte anders als bisher zu formieren. Trennungen können uns lehren, wer wir unter der Oberfläche des alltäglichen Funktionierens tatsächlich sind. Jedem werden sie früher oder später begegnen.

Wie so viele andere musste auch ich früh in meinem Leben und seitdem immer wieder Abschied nehmen. Trennungen zogen sich lange Zeit, fast wie ein roter Faden, durch die Jahre. Als ich zehn Jahre alt war, trennten sich meine Eltern. Keiner hatte uns drei Kindern ein Sterbenswörtchen davon erzählt. Eines Nachmittags schellte es an der Haustür unseres roten Backsteinhauses und ich öffnete. Ein junges Mädchen stand dort mit zwei Briefen, die sie mir, der Zehnjährigen, überreichte. Ein Schreiben war an meine Mutter, eines an meinen Vater adressiert. Neugierig und leselustig wie ich damals schon war, linste ich auf die beiden Absender. Es war jedes Mal der gleiche Name eines Rechtsanwalts. Mir war blitzschnell klar, was das bedeutete und mit einem dicken Kloß im Hals lief ich mit der Post zu meiner Mutter. »Lasst Ihr Euch scheiden?«, fragte ich und sie nickte verblüfft. Keiner sprach damals, Anfang der 1970er-Jahre, von Familienkonferenzen, und Kinder hatten sich, mehr als heute, den Vorgaben der Erwachsenen zu fügen. Unsere Mutter, eine Hausfrau mit künstlerischer Ader und ausgebildeter Gesangsstimme, blieb nach der Scheidung der Lebensmittelpunkt für uns drei Geschwister. Sie selbst heiratete schon zwei Jahre später einen Briten aus Leicester namens Ron, zu dem sie mit meiner Schwester und mir zog, während mein fünf Jahre älterer Bruder mit seinen 18 Jahren bei unserem Vater in Deutschland bleiben sollte. Mein Vater hatte schon zuvor eine andere Frau getroffen, was überhaupt der Auslöser dafür gewesen war, dass unsere Eltern auseinandergingen.

Ich erinnere mich an die niemals zuvor bei meinem Vater gesehenen stummen Tränen in seinen Augenwinkeln am Flughafen Düsseldorf. Von dort sollten wir Mädchen allein nach London-Heathrow fliegen. Auch darauf hatte uns niemand vorbereitet. Unsere Mutter war mit unserem gesamten Hausstand schon nach Leicester vorgereist. Sie erwartete uns mit ihrem neuen Partner in einem fremden Reihenhaus mit Gemüsegarten auf der Hillrise Avenue.

In Krisenzeiten eigene Fähigkeiten entdecken

Den Abschied von meiner alten Gymnasialklasse hatten wir wenige Tage zuvor im Garten meines Vaters gefeiert. Das Bild meiner lächelnden Freundinnen, aufgereiht auf der geblümten Hollywoodschaukel, begleitete meine ersten Wochen in England. Heimweh piesackte mich mehr oder minder den lieben langen Tag. Die Jungs in der neuen Klasse machten oft den Hitlergruß, um mich in der Pause zu ärgern. Der neuen Sprache und dem Unterricht konnte ich kaum folgen. Wenn ich an jene Zeit zurückdenke, sehe ich mich selbst in mitternachtsblauer Schuluniform auf meinem orangefarbenen Klappfahrrad im Linksverkehr auf dem Weg zur fremden Schule fahren, angestrengt darum bemüht, die

Orientierung auf der richtigen Fahrspur zu halten. Als eine in der ersten Klasse in Deutschland auf rechts »gepolte« Linkshänderin bereitete mir das räumliche Umdenken in den Straßen ohnehin einige Schwierigkeiten. Mütter und Väter betrachteten sich damals noch nicht als die Chauffeure ihres Nachwuchses. Unsere Zeit in Großbritannien endete genauso abrupt, wie sie begonnen hatte – nach nur sechs Monaten. Genau zwölf Tage vor meinem 13. Geburtstag verunglückte meine Mutter tödlich während einer Bootsfahrt. Für meinen Bruder, meine Schwester und mich galt es, sich wieder an ein neues Leben in der alten Heimat zu gewöhnen – ein Leben ohne Mutter.

Heute würden wohl die meisten Eltern rechtzeitig das Gespräch mit ihren Kindern suchen, um sie auf Veränderungen möglichst gut vorzubereiten. Die schmerzvollen Abschiede der Vergangenheit gehören zu mir wie eine Fülle lichterer Ereignisse und all die glücklichen Fügungen, von denen ich ebenfalls berichten könnte. Trennungen – selbst erwählt oder erlitten – blieben auch im Erwachsenenalter nicht aus.

Die offizielle Scheidung vom Vater meines Sohnes ereignete sich 2007, da wir zusammen nicht mehr aus der Sackgasse herausfanden. Getrennt hatten wir uns schon einige Jahre zuvor, als unser Sohn noch zur Grundschule ging. Nur drei Wochen nach dem Scheidungstermin vor Gericht realisierte ich die vielleicht einschneidenste Trennung meines Lebens – den Abschied von Deutschland und die Auswanderung nach Norwegen. In dem Land hatte ich mich seit Studentenzeiten heimisch und zugehörig gefühlt. Für mich war dieser Neubeginn so etwas wie eine zweite Geburt. Meine innere Stimme sagte mir sehr deutlich, dass dies unser Weg sein würde. Meine Freunde, deutsche wie norwegische, hatten meinen Mut gestärkt, und letztere hatten mir versichert, mit meiner Ausbildung sei es kein Problem, mich wirtschaftlich in dem nordischen Land zu etablieren. Ich war freie Journalistin, schrieb für verschiedene deutsche Zeitungen und hatte fürs Fernsehen gearbeitet. Das Wort Finanzkrise sollte erst rund drei Monate später als Schlagwort die Medien beschäftigen. Bereut haben weder mein Sohn noch ich diesen Schritt, trotz turbulenter Herausforderungen, die zu beschreiben den Rahmen dieses Buches sprengen würden. Sein viel beschäftigter Vater hatte, als wir gingen, schon eine neue Familie gegründet. Dennoch war unsere Auswanderung ebenso wenig für ihn wie für uns ein Leichtes. Trotzdem erkennt er inzwischen an, was für ein lebenstüchtiger, weltoffener junger Mann aus unserem Sohn durch das Leben in Norwegen geworden ist. Nicht zuletzt haben lange Ferienaufenthalte in Deutschland einen innigen Vater-Sohn-Kontakt aufrechterhalten und sogar gestärkt.

Gerade in anstrengenden, unsicheren Zeiten, in denen das Leben sich neu formiert, gilt es, sein Herz in die Hand zu nehmen – unseren wichtigsten Muskel. »Beherzt« ist nicht umsonst ein Synonym für »mutig«. So können wir gestärkt aus Umbrüchen und Trennungen hervorgehen. Letztendlich dienen Krisenzeiten dazu, seine eigenen Fähigkeiten und Qualitäten kristallklar zu erkennen und zu nutzen. Und Söhnen und Töchtern kann dies als Vorbild dienen, durch die bisweilen rauen Wellen des Lebens zu gelangen.

Für die Kinder Vater und Mutter bleiben

Forscher, wie der Psychiater von der Universität Greifswald, Philipp Kuwert, sprechen inzwischen sogar von posttraumatischer Reife. Wenn auch nicht jede Trennung mit einem Trauma gleichzusetzen ist, so betont er, dass zahlreiche Menschen, die Schweres überstanden haben, mit einer viel weiteren Perspektive daraus hervorgegangen sind. Die Wenigsten wollen im Nachhinein diesen Erfahrungsschatz missen. Auch ruht es auf wissenschaftlich erforschtem Fundament, dass Wohlwollen sich selbst und anderen gegenüber, früher oder später, zu innerem Frieden und einer neuen Balance führen wird. Mutig sein bedeutet nicht zuletzt, seinen eigenen Werten und Überzeugungen treu zu bleiben, zu folgen und zu ihnen zu stehen – unabhängig davon, was andere darüber denken. Es ist schon fast eine Binsenweisheit, dass man nur sich selbst und das eigene Leben positiv verändern kann, nicht aber den Partner und schon gar nicht den Ex-Partner. Erstaunlich eigentlich, dass es dennoch so viele versuchen und dem absurden Glauben anhängen, ihr eigenes Leben würde sich verbessern, wenn nur der andere endlich seine »Fehler« begreifen und ablegen würde. Ehemalige Partner, die immer gemeinsam für die Kinder Vater oder Mutter bleiben werden, mit seinen eigenen ungefilterten Gefühlen zu belasten, wirkt nur destruktiv und macht es Kindern getrennter Eltern unnötig schwer, ein unbefangenes Verhältnis zu Mutter und Vater zu entwickeln. Nach meiner Erfahrung und belegt durch etliche Studien, ist es nicht die Trennung als solche, die Kinderseelen schadet, sondern die Art des Umgangs miteinander. Ein Paar, das einst das ganze Leben miteinander teilen wollte, kommuniziert nur noch mit Vorwürfen. Jeder will unbedingt über den anderen »siegen«. Jeder, der sich auf derartige, weitverbreitete Machtspiele einlässt, kann in Wirklichkeit auf Dauer nur als Verlierer daraus hervorgehen. Zudem gibt es kaum etwas Schlimmeres, was man gemeinsamen Kindern antun kann. Es bedeutet, in homöopathischen Dosen, einen Dorn in ihre Herzen zu treiben, der es ihnen immer schwerer macht, Vater und Mutter jeweils friedlich darin wohnen zu lassen. Doch genau dahin gehören beide Eltern, wenn sich das Kind – trotz Trennung – gut entwickeln soll. Kinder dürfen nicht zum Spielball gekränkter Eltern werden, die sich gegenseitig Steine in den Weg legen. Es geht nach einer Trennung vor allem darum, die eigene Sphäre, die des Kindes und des anderen Elternteils auseinanderzuhalten und die jeweilige Integrität des anderen als Elternteil zu respektieren, sagen Fachleute. Jedes Kind hat den tiefen Wunsch und das Recht, zu Mutter **und** Vater seine Beziehung fortzusetzen. Damit das den getrennten Eltern gelingt, sind vor allem menschliche Qualitäten gefragt: »Wir müssen lernen, mit dem Herzen zu denken, wenn wir eine Zukunft haben wollen«, betont der italienische Philosph und Psychologe Piero Ferrucci. Und genau von dieser Beherztheit, als Bereitschaft, den Weg der Veränderung zu wagen und mitzugestalten, handelt dieses Buch.

»Mut zur Trennung« bedeutet das, was nicht mehr gerettet werden konnte, sondern definitiv vorbei ist, in Frieden hinter sich zu lassen.

Nur so kann eine neue Balance entstehen, die Kindern und Eltern nach einer Weile einen neuen, sicheren und vertrauten Rahmen bietet. Mit dem Herzen denken bezieht auch die Belange des Ex-Partners mit ein. Wohlwollen in Zeiten des Umbruchs zu signalisieren, kann wahre Wunder wirken. Denn Wohlwollen wird meist mit gleicher Münze zurückgezahlt. So kann sich die Situation leichter entspannen, anstatt sich weiter in endlosen Kleinkämpfen aufzureiben. Es gibt Paare, die jahrzehntelang in einem solchen Trennungsstreit gefangen bleiben, wobei der andere meist der »Böse« ist, der einem ja so viel angetan hat. Gerade dieser kontinuierliche, verbale Clinch wirkt zerstörerisch und ist in meinen Augen reinste Opfermentalität. Aus eigener Erfahrung weiß ich, dass sich im Rückblick gerade unsere dunkelsten Stunden voller Angst, Wut, Verzweiflung und Hilflosigkeit oft als eine segensreiche Triebfeder erweisen. Dies stützen auch Forschungsergebnisse. In der Krise lernen wir uns wirklich ganz und gar kennen, was uns der Entfaltung unseres ureigenen Potenzials näher bringt. Seinen Kindern eine gänzlich frustrationsfreie Kindheit erhalten zu wollen, bedeutet fast, sie in ein Vakuum einzusperren. Das Leben folgt anderen Gesetzen. Anreize zur Entwicklung liegen hingegen in Herausforderungen. Wir leben, um uns zu entwickeln. Wir entwickeln uns, um zu leben. Das ist nicht immer einfach, aber ein simples und natürliches Prinzip, dem sich keiner entziehen kann. Eltern erleben ja täglich besonders anschaulich an ihren Kindern, welche Unabänderlichkeit in der Entwicklung liegt, z.B. vom krabbelnden Säugling, der sich immer mehr aufrichtet und eines Tages eigene Schritte macht. Nichts bleibt, wie es war, und das ist gut so. Doch woher sollen wir ausgerechnet in jenen Zeiten, in denen womöglich die Grundmauern unseres bisherigen Lebens nicht standhielten, den Mut holen, wenn wir uns kläglich fühlen, bodenlos und unsicher? Das tiefste Mysterium liegt für mich darin, wie sich gerade in tiefer Not Vertrauen und Handlungskraft allmählich neu formieren, um im Untergrund ihr produktives Netzwerk zu weben. Vorausgesetzt, wir lassen es zu und gehen nicht den manchmal so verlockenden Weg ewiger Machtkämpfe und Egotrips. Ein Paar trennt sich, doch als Eltern bleiben sie – egal, wo sie leben – durch ihre Kinder verbunden.

Neues Selbstverständnis als »Nachscheidungsfamilie«

Nach einer Scheidung muss jeder ganz für sich allein eine Wahl treffen, wie es weitergehen soll: In Selbstmitleid und ewigen Klagen in einer Endlosschleife über die Schwere des eigenen Schicksals zu hadern oder mit einem Set an Werten wie Respekt, Kommunikation, Aufrichtigkeit und einem »Ja« sein Leben selbst in die Hand zu nehmen.

In Zeiten der Krise geht es besonders darum, sich selbst und seine Kinder mutig und verantwortungsvoll zu leiten. So kann es gelingen, ein neues Selbstverständnis als »Nachscheidungsfamilie« zu erlangen, wie es der inzwischen emeritierte Kölner Professor Dr. Ulrich Schmidt-Denter ausdrückte. In einer Langzeitstudie hat er über Jahre sogenannte Schutz- und Risikofaktoren entwickelt, die Scheidungsfamilien helfen (siehe Interview Seite 136 ff.).

Die deutsche Grande Dame der Poesie, Hilde Domin, die 2005 im Alter von 96 Jahren starb, besaß viel von jener Beherztheit, um die es in diesem Buch geht. Trennungen kannte sie nur zu gut, vor allem die von ihrem Heimatland Deutschland, dem sich die ausgebildete Juristin und Jüdin kulturell sehr zugehörig fühlte. Nur eine einzige Rede von Adolf Hitler hatte Domin gehört und als eine der Ersten die drohende Gefahr erkannt. Ihre Familie samt Ehemann, dem Archäologen Erwin Palm, überzeugte sie bereits 1932, das Land zu verlassen. 22 Jahre verbrachte das Paar im Exil. In dieser Zeit starb ihre Mutter. Die Nachricht erreichte Domin, als sie gerade das Geld zusammen hatte, um sie von ihrem Exil, der Dominikanischen Republik, endlich mal wieder besuchen zu können. Die Trauer über diesen Verlust war riesig, und kurzerhand begann sie zu dichten, um über den Tod der Mutter hinwegzukommen. Als Journalistin hatte ich übrigens die Ehre und Freude, Hilde Domin nur wenige Wochen vor ihrem Tod im Bonner Hotel Dreesen zu interviewen. Dies geschah am Morgen nach einer ihrer letzten Lesungen in der Bonner St. Hildegardiskirche, wo sie – wie immer – jedes Gedicht zweimal rezitiert hatte. Ihre zierliche Statur strahlte eine enorme Gegenwärtigkeit aus. In ihrem greisen Frauengesicht sah ich eine charismatische Transparenz, wie sie wohl nur wirklich weise Menschen im Alter erlangen können. Sie wirkte überirdisch schön und eine Weile neben ihr sitzen und mit ihr reden zu dürfen, war eine Wohltat für mich, die ich frisch getrennt war. Das 90 Minuten dauernde Gespräch wirkte lange in mir nach und hat mich auf meinem weiteren Weg bis nach Norwegen sehr inspiriert. Unter anderem erzählte sie mir davon, wie viel Mut sie immer wieder in ihrem Leben gebraucht hatte. Und genau davon handeln viele ihrer wunderschönen Gedichte, wie zum Beispiel »Nur eine Rose als Stütze« (siehe Rosenmarsch Seite 90). Ihre Kunst konnte sich erst durch den tiefen Verlust ihrer Mutter richtig entfalten.

Verunsicherte Eltern

»Ein Schriftsteller braucht drei Arten von Mut«, war Hilde Domin überzeugt. »Den, er selbst zu sein. Den Mut, nichts umzulügen, die Dinge beim Namen zu nennen. Und drittens den, an die Anrufbarkeit der anderen zu glauben.« Wer sagt, dass diese Qualitäten nicht auch für »Normalmenschen« überaus hilfreich sind? Ich meine, sie sind gerade bei der Meisterung von Trennungen eine Hilfe, nicht zuletzt den Schwächsten der Familie gegenüber, den Kindern. Diese Eigenschaften sieht auch der Däne Jesper Juul, »die Lichtgestalt der modernen Pädagogik«, als essenziell für Eltern im Umgang mit ihren Kindern. Warum? Der Mut, man selbst zu sein, kann wohl als Integrität bezeichnet werden; den Mut, nichts umzulügen und die Dinge beim Namen zu nennen, zielt darauf ab, authentisch und verantwortungsbewusst zu sein. »Viele Eltern sind heute sehr verunsichert«, weiß Juul. Dabei »brauchen die Kinder zum Glück keine perfekten Eltern, sondern Sparringpartner, die bereit sind, ihre Werte immer wieder zu überprüfen und sich mit ihren Kindern weiterzuentwickeln«, sagt er.

In dem Buch »Mut zur Trennung« kommen in seinen drei Teilen verschiedene Stimmen zu Wort, angefangen mit meiner eigenen, im ersten Teil »Stabile Eltern, stabile Kinder – Trennungswegweiser: Der eigenen Integrität trauen«. Von wissenschaftlichen Erkenntnissen aus meiner journalistischen Arbeit berichte ich im ersten Teil. Es fasziniert mich seit Langem, wie viele spannende Forschungsresultate es inzwischen gibt, die sich mit Inhalten rund um die sogenannten »weichen Werte« und das Zusammenleben beschäftigen. Sie beweisen längst, was uns der gesunde Menschenverstand immer schon zuflüsterte: Jeder hat sehr viel mehr Möglichkeiten darauf einzuwirken, ob es einem gut oder schlecht geht, wenn wir nur die feinen Signale beachten, die Vorboten, die zeigen, dass etwas in Schieflage geraten ist und uns dann den entscheidenden »Ruck« zum Mutigsein geben. Beispielsweise beim sogenannten »Broken-Heart-Syndrom«, das erst seit rund zwei Jahrzehnten in der Fachwelt bekannt ist. Sein Herz nicht zu öffnen und für seine Entspannung und Freude selbst zu sorgen, macht tatsächlich auf Dauer sehr krank. Fachleute betonen heute, dass eine Beziehung leicht scheitern kann, wenn hier zu viel vom anderen erwartet wird und nicht zunächst für das eigene Wohl ausreichend gesorgt wird.

Vision vom besseren Miteinander

Im zweiten und dritten Teil kommen dann etliche andere Stimmen zu Wort. Warum? Weil ich in diesem Buch »Mut zur Trennung« zeigen möchte, dass es – trotz eines Blickes auf die aktuelle Wissenschaft – keine absoluten Wahrheiten gibt und jeder auf seine Art seine ganz persönliche Trennungsgeschichte zu bewältigen hat. Zum Glück! Meine Trennung erforderte einen anderen Mut, als den von der norwegischen Schriftstellerin Merete Morken Andersen (siehe Seite 95), die wohl mehr als andere das Auseinandergehen von langer Hand bis ins letzte Detail plante. Wer dieses »andere« anerkennt, schafft es auch leichter, den getrennten Partner mit mehr Abstand und in einem anderen Licht zu betrachten. Die Geschichte des Ex-Partners ist selbstverständlich eine andere als meine eigene. Dies dem anderen zuzugestehen, sehe ich als einen wichtigen Schritt in Richtung harmonischer »Nachscheidungsfamilie«. Mehr Vertrauen in den Lauf der Dinge, selbst wenn es phasenweise an die Substanz gehen kann, schafft eine Vision vom besseren Miteinander zum Wohle der Kinder, doch auch zum eigenen Wohle.

Ich hoffe, dass die höchst individuellen Trennungsgeschichten im zweiten Teil des Buches die Leser dazu anregen, Trennungen nicht als ein Scheitern, sondern einen natürlichen Teil des Lebens zu sehen. Die Art und Weise, wie sie gemeistert werden, beeinflussen Kinder enorm. Die Geschichten, die die Getrennten mir für dieses Buch anvertrauten, berühren mich selbst nach über 20 Jahren Berufserfahrung. Denn die meisten Leute wünschen sich, dass andere mehr Anteil an ihnen nehmen. Doch das erfordert, dass wir es wagen, auch unsere Verletzlichkeit zu zeigen. Mit mir und den Lesern dieses Buches teilen diese getrennten Mütter und Väter nun die Essenz ihrer Erfahrungen. Alle sind sie durch ihre eigenen, dunklen Stunden gegangen. Alle haben sie ihre Schlussfolgerungen daraus gezogen. Entweder suchen sie noch für sich und ihre Kinder nach einer neuen Stabilität oder haben sie bereits gefunden. Die für dieses Buch zusammengetragenen Berichte von den dunklen Stunden, in denen nahe Beziehungen sich dem Ende neigten, zeugen von so immensen Qualitäten, von Stärke, Ausdauer und nicht zuletzt dem Glauben, die gegenwärtige Misere zum Besseren wenden zu können. Selbst wer schlecht vom Partner behandelt wurde und dabei lange, vielleicht viel zu lange, Geduld an den Tag gelegt hat, macht sich eines Tages auf den Weg. »Ich habe mich innerlich aufgerichtet«, sagte eine von ihnen, nachdem sie sich entschlossen hatte, ihre Ehe zu beenden. Jenseits der Schwelle, deren Überschreiten so viel Mut kostet, wartet oft ein besseres Leben. Von dort aus berichten alle, mit denen ich sprach, wie sehr ihr Lebensmut ganz grundlegend, und damit sie selbst, an den Trennungsereignissen gewachsen ist.

Im dritten Teil, »Interviews, Trennungswegweiser »Die eigene Kompetenz stärken«, kommen dann Fachleute zu Wort. Sie sollen den Rücken stärken und Mut machen, indem sie ihr berufliches Know-how in die Waagschale werfen. Jeder Fachmann befasst sich mit einem anderen Fachgebiet: Der Psychologe Wilfried Nelles erläutert, warum es gerade für eine Partnerschaft so wichtig ist, seelisch ganz erwachsen zu werden und warum so manche Mutter und so mancher Vater noch in ihrer ersten Familie wie Kinder gefangen sind. Professor Ulrich Schmidt-Denter erforschte über Jahre die langfristigen Trennungsfolgen für Familien. Der Neurobiologe Professor Joachim Bauer, der zu den 500 herausragendsten Intellektuellen Europas ernannt wurde, beantwortet schließlich Fragen rund um unsere Gehirnfunktionen. Warum schadet man tatsächlich schon rein biologisch sich selbst am meisten, wenn man den Ex-Partner feindselig behandelt? Professor Bauer weiß es.

Im Epilog des Buches blicken dann zwei Erwachsene zurück auf die Trennung ihrer Eltern: Ein junger Mann und eine Frau in den besten Jahren, deren Mutter und Vater sich trennten, als sie selbst vier und acht Jahre alt waren, erzählen, was für sie heute davon geblieben ist.

Trennungen tun weh, keine Frage, unabhängig davon, wer geht. Die nagenden Selbstzweifel, verlassen worden zu sein, oder die dumpfe Schuld, sich vom Partner fortzubewegen, gehen an unsere Substanz. Sich allen damit einhergehenden Gefühlen zu stellen, bereit zu trauern, doch sich nicht ganz und gar darin zu verlieren, sondern tapfer hindurch zu gelangen, kann unsere Kinder nicht unbeeinflusst lassen. Diese Aufrichtigkeit und Integrität ist für mich das größte Geschenk, was wir unseren Söhnen und Töchtern machen können.

Teil 1

Stabile Eltern, stabile Kinder

Trennungswegweiser: Der eigenen Integrität trauen

1. Erste Hilfe – das Ende mündet stets in einen Anfang

Sein Herz öffnen und für sein eigenes Wohlbefinden zu sorgen, benötigt Mut. Mut, das zu tun, was seinen eigenen Werten und Überzeugungen entspricht. Doch auch, wenn dieser Mut eine Trennung bedeutet, ist das nicht gleichzusetzen mit einem Scheitern. Im Gegenteil: Krisenzeiten schärfen den Blick aufs Wesentliche und schaffen Raum für persönliches Wachstum. Im Folgenden erfahren Sie, wie Sie Ihr Herz öffnen und aus einer Trennung gestärkt hervorgehen.

Dieses Kapitel hilft Ihnen

- Trennungswunden bei sich und Ihren Kindern zu »verarzten«,
- Ihre ganz persönlichen Kräfte des Neuanfangs freizusetzen,
- den Grundstein für Ihre Nachscheidungsfamilie zu legen.

»The first cut is the deapest« hat Rod Steward einmal gesungen. Und so ähnlich verhält es sich auch, wenn wir durch eine Trennung gehen müssen, unabhängig davon, ob sie aus heiterem Himmel zu uns kommt oder man selbst die Entscheidung gefällt hat. In den ersten Wochen, wenn der Partner nicht mehr Teil des Alltags ist, schmerzt es am meisten. Erinnert uns die Trennung doch daran, dass alles im Leben vergänglich ist.

Frisch Getrennten hilft es, in dieser Zeit Gefühlen wie Enttäuschung oder Trauer genügend Beachtung zu schenken und gegebenenfalls auch Tränen nicht zurückzuhalten. Mit nahen Freunden oder anderen Vertrauten seine Verzweiflung und seinen Kummer zu teilen, erleichtert gerade die ersten Wochen nach einer Trennung. Sich mit nahen Menschen austauschen zu können, die während der Krise zu einem halten, ist viel wert. Es tut gut zu wissen, auch nach einer Trennung nicht allein zu sein und unterstützt zu werden. Geteiltes Leid ist nun mal halbes Leid. Traumaforscher wie Professor Philipp Kuwert erinnern daran, wie heilsam in früheren Kulturen das Erzählen von Geschichten rund ums Lagerfeuer für unsere Vorfahren war. In heutiger Zeit fehlen vielen solche gemeinschaftlichen Erlebnisse, besonders in den Großstädten.

Sich verstanden zu fühlen und zu erleben, zwar getrennt, doch nicht allein zu sein, trägt sehr dazu bei, gerade den ersten Schmerz über den Verlust zu mildern. Zugleich kommt es darauf an, seine Empfindungen ernst zu nehmen, sich jedoch nicht in ihnen zu verlieren. Auch Kinder sollten so die Möglichkeit bekommen, auf ihre Weise den Verlust der intakten Familie zu beklagen: sei es durch Weinen, Wutausbrüche oder Klammern an die Eltern. Kinder brauchen in dieser akuten Phase der Veränderung ganz besonders die Gewissheit, dass beide Eltern sie unabhängig von der Trennung weiter lieben, für sie da sind und sorgen werden. Wenn das gewährt ist, wachsen sie leichter in das veränderte Familienleben hinein.

Eltern können in dieser Hinsicht sogar manches Mal eine Menge von ihrem Nachwuchs lernen und erleben, wie natürlich und selbstverständlich Kinder mit traurigen Ereignissen umgehen, um sich dann wieder alltäglichen Dingen zuzuwenden.

Wer allzu beherrscht auf Lebenskrisen reagiert und seine Trauer beiseite schiebt, wird es auf Dauer eher schwerer haben, wieder echte Balance und Harmonie im Alltag zu erleben. Sich vertraute Erwachsene zu suchen, mindert auch die Gefahr, Kinder zu seinen Verbündeten und Seelentröstern zu machen. Für die gesunde Entwicklung des Nachwuchses ist es wichtig, dass sie in der Beziehung zu ihren Eltern die Kinder bleiben und nicht umgekehrt. Sie brauchen die Gewissheit, von Mutter und Vater behütet zu werden – komme, was da wolle.

Gleichzeitig sollen sie Anteil daran nehmen dürfen und miterleben, wie ihre Eltern die Trennung voneinander bedauern und betrauern. Bestimmte Routinen – wie das gemeinsame Abendessen am schön gedeckten Tisch oder Vorleserituale vor dem Schlafengehen – bleiben für Kinder (und auch den jeweiligen Elternteil) wichtige Stützen, um eines Tages zu einer glücklichen Nachscheidungsfamilie zu werden.

Die Phasen einer Trennung

Fachleute wissen, dass Trennungen meist in vier Phasen ablaufen. Gleichzeitig ist es nicht unüblich, dass man ab und zu wieder zurück in eine frühere Phase springt. Je gelassener man damit umgeht, umso leichter geht es dann doch wieder weiter nach vorne.

1. Nicht-wahrhaben-wollen
Gilt vor allem, wenn man selbst verlassen wird und nicht damit gerechnet hat, dass die Beziehung ein Ende finden könnte.

Symptome: Weigerung, die Situation anzuerkennen. »Das kann nicht wahr sein« oder »Warum passiert das gerade mir«, sind typische Gedanken in dieser Zeit. Das eigene Leben wird überwiegend wie eingefroren erlebt.

Pluspunkte: Filtert den Schmerz der Endgültigkeit, macht ihn etwas erträglicher und trägt dazu bei, sich langsam an den Gedanken vom Aus der Beziehung zu gewöhnen. So lässt es sich leichter in das neue Leben hineinwachsen. Der Aufenthalt in diesem »Niemandsland« hilft, sich neu auszurichten und zu orientieren.

Selbsthilfe: Sich nun selbst und seine Kinder mehr verwöhnen als üblich und für genügend »Streicheleinheiten« sorgen – gemeinsam etwas Schönes planen, auch an den Wochentagen.

Dauer: Ein paar Wochen.

2. Trauer
Wenn die Trauer einsetzt, sind die Tatsachen glasklar erkannt. Das tut weh. Der individuell unterschiedlich erlebte Kummer der Trennung wird nun ganz und gar spürbar.

Symptome: Tiefe Traurigkeit, eventuell mit Weinen, über den Tag verteilt. Düstere Stimmung herrscht vor, die Lebensfreude ist erstarrt. Unlust, etwas zu unternehmen, und das Bedürfnis, sich zurückzuziehen, sind an der Tagesordnung.

Pluspunkte: Reinigend und notwendig, um das Alte wirklich abschließen zu können. Erst die durchlebte Trauer macht es möglich, aus einer Trennung am Ende gestärkt hervorzugehen.

Selbsthilfe: Sich im Alltag Entlastung suchen und Freiräume schaffen, zum Beispiel andere ruhig einmal um Hilfe bitten – beim Einkaufen, Kinder betreuen oder Mahlzeiten bereiten. Freunde helfen in der Regel gern, wenn wir sie nicht überstrapazieren und im Notfall ebenfalls bereit sind, ebenso für sie einzuspringen.

Dauer: Zeitlich je nach Mentalität sehr unterschiedlich. Von ein paar Wochen bis ca. einem Jahr.

3. Wut
Aggressivität ist von Natur aus eine ausgezeichnete Antriebskraft, die wir ruhig wertfrei betrachten können. Das gilt gerade für Frauen, die sich in unserer Gesellschaft traditionell schwerer damit tun als die Männer.

Symptome: Wir stehen wie unter Starkstrom und es »brodelt« in uns bei jedem unserer Schritte. Alles, was der andere uns »angetan hat«, zieht immer wieder Revue vor unserem inneren Auge und versetzt uns in Rage. Auch Rachegefühle sind nicht unnormal. (Bitte nicht realisieren!)

Pluspunkte: Wut verschafft uns enorme Energie. Sie lässt uns körperlich spüren, wie viel Kraft in uns steckt. Sie ist ein exzellenter »Wecker«, um das Potenzial für ein neues Leben zu realisieren.

Selbsthilfe: Nun gilt es, die Wut in für uns und die Kinder konstruktive Bahnen zu lenken. Sie sollte nicht am Ex-Partner ausgelassen werden. Das würde uns selbst und den Kindern am meisten schaden. Besser ist es, diese starke Empfindung im Alltag gezielt einzusetzen, um vom Sofa hochzukommen und zum Beispiel endlich mit dem Sport oder einer anderen Aktivität anzufangen, die uns schon lange gereizt hat. Oder wir erobern unsere Wohnung zurück, gestalten nach unseren Wünschen um, machen alles so, wie wir und die Kinder es gerne hätten. Los geht's.

Dauer: Kommt meist in Schüben und verwandelt sich auch wieder in einen sanfteren Gefühlszustand, nachdem wir – wie beschrieben – sie anerkannt sowie praktisch und konstruktiv ausgelebt haben.

4. Akzeptanz
Wenn die Trennung und ihre Umstände hingenommen werden, ist tatsächlich ein wichtiger Meilenstein erreicht. Die Nachscheidungsfamilie nimmt Konturen an.

Pluspunkte: Frieden, Lebensqualität und die Lust, den Alltag zu gestalten, rücken wieder in greifbare Nähe, sobald wir beginnen, uns mit der Situation abzufinden.

Selbsthilfe: Trennungsliteratur lesen oder Ratgeber zum Thema »Loslassen«. Sich mit anderen Getrennten treffen hilft, der eigenen Lebenswirklichkeit mutig in die Augen zu blicken und nach und nach Vorteile darin zu entdecken, z. B. dass einem niemand mehr reinredet. Auch mit Gleichgesinnten zusammen sein (Verband der Alleinerziehenden), gibt dem Alltag eine neue Normalität. Das neue Leben kann man schätzen lernen wie früher das konventionelle Familienmodell.

Dauer: Wann eine Trennung völlig akzeptiert wird, variiert ebenfalls je nach Temperament und den Lebensumständen. Um diesen Schritt zu erreichen, ist die Kunst des Loslassens gefragt. Bei manchen klappt es nach wenigen Wochen, bei anderen kann es Jahre dauern.

In den beschriebenen Trennungsphasen geht es darum, mit seinen echten, verständlicherweise eher düsteren Gefühlen in Kontakt zu kommen, durch sie hindurchzugehen und mit der neuen Situation Frieden zu schließen. Ich kann nur jedem Menschen Mut machen, sich nicht vor seinen eigenen unliebsamen Empfindungen zu verschließen. Viele neigen dazu, sie abzublocken, weil sie immer nur gelernt haben, den Erwartungen der anderen zu entsprechen, die Zähne zusammenzubeißen und zu funktionieren. Erst wenn wir mutig auch Trauer und Wut als wichtige dunklere, doch vorübergehende Phase des Lebens annehmen, lernen wir uns selbst und unsere Bedürfnisse kennen. Das versetzt uns in die Lage, auf Dauer mehr Freude zu empfinden.

Die Klaviatur der Gefühle vollständig zu nutzen, setzt Energie für einen gelungenen Neuanfang frei. Wenn wir uns »diesen Schuh gar nicht erst anziehen wollen« und glauben, unsere Gefühle stets kontrollieren zu müssen, hat das meistens etwas mit Erziehung zu tun, in der ein freierer Ausdruck unterbunden wurde. Leider ist die Gefahr, seine Lebendigkeit auf Dauer dabei zu verlieren, enorm. Erwachsene dürfen selbst entscheiden, wie sie sein wollen und wofür sie einstehen. An einen offeneren Umgang mit unseren Gefühlen müssen wir uns erst gewöhnen, denn kein Mensch verändert sich über Nacht. Scham oder die Sorge, andere würden einen nicht mehr schätzen, gehören immer dazu. Jeder kennt so etwas insgeheim. Es hilft, sich klarzumachen, dass in heutiger Zeit, wo es keine festen Regeln für das Zusammenleben mehr gibt, die meisten Mitmenschen viel großzügiger mit uns sind, als selbst wir es glauben.

Sich nicht mit negativen Gefühlen identifizieren

Wer sich selbst nicht ausreichend Zeit nimmt, seine Trennung emotional zu bearbeiten, neigt eher dazu, andere Menschen zu Sündenböcken zu machen. Auch übertriebene Schuldzuweisungen können auf derart verdrängte Gefühle hinweisen. Wenn in diesem Kapitel z. B. die Wut als positiver Antrieb gelobt wird, geht es selbstverständlich darum, sie in gesellschaftlich akzeptierten Kanälen auszudrücken. Sie ungefiltert am Partner oder sogar den Kindern auszulassen, ist damit nicht gemeint, sondern würde lediglich länger als notwendig für »dicke Luft« sorgen. Wichtig ist es vor allem, sich nicht mit seinen negativen Gefühlen zu identifizieren. Sie ziehen vorbei, ähnlich wie Wolken am Himmel, wenn wir uns nicht von ihnen zu sehr beherrschen lassen oder sie gegen andere richten. Gerade Ex-Partner (wie wir selbst und die meisten anderen Menschen) reagieren aus gutem Grund allergisch auf Anschuldigungen, Besserwisserei oder Grenzüberschreitungen. Kinder, die davon Zeugen werden, wie sich Eltern gegenseitig Steine in den Weg legen, leiden sehr darunter. Als getrennte Eltern sind wir vor allem aufgefordert, unseren Kindern nicht mit den eigenen gekränkten Eitelkeiten das Leben schwer zu machen, indem wir uns vor ihren Augen unergiebig streiten und zu keiner Lösung des Konflikts kommen. Umgekehrt sollen, nach Ansicht von Experten, auch nicht jegliche Auseinandersetzungen vor den Kindern verborgen werden. Das Kriterium ist immer, auf welchem Niveau sie stattfinden und ob sie zu etwas führen, was gemeinhin als versöhnender Kompromiss erkannt werden kann.

Der Weg zur Nachscheidungsfamilie

Einen Grundstein für die Nachscheidungsfamilie zu legen kann z. B. bedeuten, sich von allen traditionellen Bildern wie eine Familie zu sein hat zu befreien. Das macht auf Dauer das Leben sehr viel leichter. Was ist Ihnen wirklich wichtig für Ihr tägliches Wohlbefinden und das Ihrer Kinder?

Legen Sie den Grundstein Ihrer Nachscheidungsfamilie

1. Mehr Zufriedenheit anvisieren
Wie sehen die Tage aus, in denen Sie sich erfüllt und einverstanden mit allem gefühlt haben? Welche Visionen tauchen auf, wenn Sie das Leben nach der Trennung gedanklich skizzieren? Wie soll es aussehen, was brauchen Ihre Kinder und was Sie selbst? Schreiben Sie auf ein DIN-A4-Blatt (gerne auch ergänzt durch kleine Zeichnungen), unter welchen Umständen es Ihnen und Ihren Lieben gut geht. Heften Sie diese Aufzeichnungen an einen gut sichtbaren Ort, etwa Spiegel, Küchentür oder Kühlschrank. Denken Sie bewusst auch an sich selbst. Die eigenen Bedürfniss wegen der Kinder nicht aus den Augen zu verlieren und ebenfalls für sich selbst zu sorgen, leitet den Nachwuchs an, genau das auch zu lernen.

2. Praktische Aufgaben verteilen
Verschaffen Sie sich eine schriftliche Übersicht über die täglichen/wöchentlichen Pflichten, die Sie vor der Trennung als Paar bewältigt haben: z. B. Einkauf, Auto waschen, Kinder zum Sport bringen … Schaffen Sie Routinen, wer welche Aufgaben wann übernehmen soll und machen Sie einen Plan. Das gibt mehr Überblick in Zeiten des Umbruchs Die Kinder zur Schule oder zum Sport fahren können nach wie vor beide Eltern nach Absprache erledigen. Oder ist der Nachwuchs vielleicht inzwischen alt genug, sich zu seinen Hobbys selbstständig auf den Weg zu machen, mit Fahrrad, Bus oder Bahn? Kindern zu erlauben, ihre Eigenständigkeit zu trainieren, ist für Mütter und Väter zugleich eine gute Übung zum »Loslassen« und stärkt das Selbstvertrauen der Kinder.

Was ist eine »glückliche Familie« ?

In unserer Gesellschaft ist »Familie« ein überaus emotional geladener Begriff. Eine Trennung ist eine gute Gelegenheit, sich einmal ins Gedächtnis zu rufen, woran das eigentlich liegt. Woher kommen diese Bilder in uns, wie die »glückliche Familie« auszusehen hat und was sie ihren Mitgliedern alles bieten soll? Die Liste ist oft lang, z. B. Liebe, Zugehörigkeit, Geborgenheit, Anerkennung, materielle Sicherheit, um nur einige Punkte eines geballten Erwartungspakets zu nennen. Werbung, mit ihren Klischees und Stereotypen, die sich mittels Bilderfluten und ständigen Wiederholungen in unser Unterbewusstsein schlich, hat sicherlich ihren Anteil an den gängigen hohen Erwartungen. Reklame liefert in hoher Frequenz die Stereotypen von der perfekten Familie, mit chronisch lächelnden Familienmitgliedern, die glücklich vereint gemeinsame Mahlzeiten einnehmen oder einer sinnvollen Freizeitaktivität nachgehen. Merkwürdig genug, dass diese nahezu autoritären Vorgaben in Zeiten herrschen, in denen tatsächlich Freiheit und damit nicht mehr zu übertreffende Wahlmöglichkeiten für die Lebensgestaltung existieren. Dabei weiß jeder im Grunde, dass die in Szene gesetzten Bilderwelten nur eine glänzende Fassade sind. Dennoch üben sie auf uns beharrlichen, unterschwelligen Druck aus, wie unser Leben auszusehen hat. Kein Wunder, denn unser Unbewusstes registriert sie alle. Rund 50.000 Bilder nimmt jeder Städter im Schnitt pro Tag auf.

Um hingegen ein solides Gegenbild der harmonischen eigenen Nachscheidungsfamilie zu entwerfen, hilft es, sich täglich auf das Wesentliche zu konzentrieren und Ballast abzuwerfen. Viele Menschen haben erst durch Lebenskrisen wie Trennung oder Krankheit einen Weg zu mehr Lebensfreude und innerer Ruhe gefunden. Meditation, NLP (eine Technik, gedankliche Muster zu verbessern) und andere Methoden bieten Unterstützung. So lässt sich nach und nach trainieren, die Aufmerksamkeit stärker auf das zu richten, was wir wirklich mit unserem Leben anfangen wollen. Eine Trennung war gerade für viele Frauen der Startpunkt, sich aus zu viel Fremdbestimmung zu befreien und sich selbst wieder näherzukommen.

Kinder unter Druck

Kinder haben ein feines Gefühl dafür, ob ihre Mütter und Väter in der Familie den schönen Schein aufrechterhalten. Sie spüren wie es ihren Eltern tatsächlich geht. Auch die Kinder, als schwächste Mitglieder der Gesellschaft, sind immer stärker den Marketingmechanismen ausgesetzt. Viele Grundschüler, egal, ob Jungen oder Mädchen, erleben bereits relativ früh einen überproportionalen Druck, wie sie zu sein haben und das nicht nur auf die Schulleistungen bezogen. Eltern, die nach einer Trennung die Stärke zeigen, ihren eigenen Weg zu gehen, machen es ihren Kindern leichter, überzogenen äußeren Erwartungen wie etwa, dass nur bestimmte Kleidermarken cool sind, die Stirn zu bieten.

Entspanntere Lebensentwürfe nach einer Trennung können nicht zuletzt dazu beitragen, Kindern wieder zu mehr Ruhe und Harmonie im Alltag zu verhelfen. Das fehlt ihnen auch in sogenannten intakten Familien heute oft. Die Zahl psychosomatischer Symptome wie Migräne oder Schlaflosigkeit bei Kindern ist in den vergangenen zehn Jahren in Deutschland drastisch gestiegen. Nach einer Trennung wird das bisherige Leben automatisch kritischer unter die Lupe genommen und neu ausgerichtet – eine Chance gerade für die Kinder. Sie können von Veränderungen im besten Fall sogar profitieren, etwa wenn die Bedürfnisse aller Familienmitglieder im Alltag stärker Gehör finden als vor der Trennung. Nachdem ein Paar mit Kindern auseinandergegangen ist, herrscht oft Unsicherheit, ob die Trennung der richtige Schritt war. Die Hoffnung, vielleicht doch wieder einmal in das einstige Familienleben zurückzukehren, kann einen Neuanfang blockieren und erheblich verzögern. Für die Kinder (und Eltern) ist dies aber nicht zwingend das Beste, betonen Fachleute. Denn in Wirklichkeit ist der private Raum der Familie auch zugleich immer wieder Tatort von Grenzüberschreitungen und Verletzungen, vor allem für die Schwächsten, die Kinder.

Empty-shell-Partnerschaften – harte Schale, leerer Kern?

An einer Partnerschaft festzuhalten, in der es wenig Zuneigung, Verständnis, Freude aneinander gibt, ist kein günstiges Vorbild für unsere Söhne und Töchter. Der Kölner Soziologe Michael Wagner nennt Ehen, die nur äußerlich Bestand haben, um dem schönen Schein eines intakten Familienlebens zu entsprechen, »Empty shell«-Partnerschaften, die äußerlich stabil wirken und doch innerlich leer sind. Eine Trennung könne hier für die Partner durchaus positiv sein, meint er, und damit allen Beteiligten zu mehr Lebendigkeit und Lebensfreude verhelfen[1].

Dennoch gibt es natürlich familiäre Krisensituationen, in denen es sich für alle lohnt, sie gemeinsam zu meistern. Jedes Paar muss für sich herausfinden, wie es um die eigene Beziehung wirklich steht.

1 Die Welt, Wissenschaft, 14.02.2007

Als ich alles losgelassen habe

Ich selbst brauchte mindestens sechs Jahre, um mir ganz klar zu sein, dass es für alle nicht gut sein würde, diese Beziehung fortzusetzen. Wir hatten nur noch wenig gemeinsam, konnten überhaupt nicht mehr miteinander reden, Spannungen lagen in der Luft und hatten in unserem ansonsten so schönen Heim mitten im Siebengebirge längst eine Atmosphäre geschaffen, die ich eines Tages weder unserem Sohn noch mir selbst länger zumuten wollte. Doch viele Jahre wollte ich von Trennung nichts wissen. Die damit verbundene Ungewissheit schien ungeheuerlich.

Um mich von der traurigen Wahrheit abzulenken, hatte ich mich einfach mehr auf meinen Beruf und andere soziale Kontakte konzentriert – möglichst viele Freunde eingeladen oder besucht, sodass ich kaum noch Zeit mit meinem Partner allein verbringen musste. Doch als ausschlaggebend erwies sich für mich wohl, die ich sehr an die angeborene Weisheit des Körpers glaube, ein kleines, doch umso deutlicheres Signal: Ich bekam plötzlich fürchterliche Schmerzen am rechten Ringfinger, wo sich mein Ehering befand. Sie waren dumpf und quälend und irgendwie anders. Ich fühlte mich wie ein Hypochonder. Doch was war das? Etwas drängte an die Oberfläche.

Eines Tages zog ich kurzerhand den Ring ab, was ich bis zu diesem Zeitpunkt so gut wie nie getan hatte. Fast augenblicklich löste sich der schmerzende Druck an diesem Finger auf. Von da an führte kein Weg mehr an der Erkenntnis vorbei, meiner ganz persönlichen Realität tapfer ins Auge zu blicken und mich auf den Weg in ein, mir selbst und anderen gegenüber, aufrichtigeres Leben zu machen: Nach 13 Jahren Beziehung, davon acht Jahre als Eltern, trennte ich mich von meinem Mann, dem Vater meines Sohnes. Ich erinnere mich an die überbordende Traurigkeit, die dennoch etwas Erleichterndes hatte, weil sie authentisch war und tief aus meinem Innern kam. Mit meinem Auto fuhr ich allein von unserem Wohnort immer wieder ins Nachbardorf und zurück und hörte dabei »Rivers of tears« und »Get lost« von Eric Clapton.

Diese Musik und die Beschleunigung meines Wagens halfen mir dabei, den Klumpen in der Magengegend in Tränen zu verwandeln, was mir gerade in der schlimmen ersten Zeit Erleichterung brachte. Es war Frühling. Abends, wenn unser Sohn schlief, saß ich oft allein in unserem Garten oder auf der Bank vor dem Haus und dachte daran, dass ich jetzt alles loslassen und auf mich ganz allein gestellt sein würde.

Flexible Familienmodelle

»Unkonventionelle« Lebensformen sind heutzutage gesellschaftlich akzeptiert und damit fast konventionell. Das war in früheren Zeiten ganz anders. Getrennte Eltern erleben heutzutage in der Regel keinerlei Einschränkungen oder Ausgrenzungen mehr. Kinder geschiedener Eltern, die oft in Patchworkfamilien leben, brauchen ebenfalls keinerlei Diskriminierung mehr zu befürchten. Sie teilen dieses Schicksal mit vielen und allein diese Voraussetzung macht das Finden einer neuen Stabilität nach einer Trennung so viel einfacher.

Eine Trennung ist zudem die Voraussetzung, um mit der Zeit eine erfülltere Form von Partnerschaft zu finden. Das wünschen sich wohl die meisten mehr als alles andere. Denn jedes Ende mündet wieder in einem Anfang. Darauf ist 100 Prozent Verlass.

Mit Liebe und Partnerschaft ist das so eine Sache. Ist die Erwartung an sie doch genauso wie an die Familie mit ähnlichen Stereotypen belastet. Das birgt die Gefahr, den anderen gar nicht als den Menschen wahrzunehmen, der er tatsächlich ist, sondern ihn/sie dahingehend ändern zu wollen, wie es der eigenen Wunschvorstellung entspricht. Mit Liebe hat das eigentlich wenig zu tun. Vielleicht meinte der Schweizer Autor Max Frisch das, als er sagte: »Zu lieben heißt, sich kein Bild zu machen.« Der Psychologe Wilfried Nelles, der in Teil 3 ausführlicher zu Wort kommen wird (siehe Seite 129 ff), sieht es als erwachsene Form von Liebe, sich bewusst von diesem Bild zu verabschieden. Glücklicher werden die Paare zusammen sein, die den anderen so nehmen, wie er/sie tatsächlich ist, mit allen Ecken und Kanten. Zugleich betont Nelles, dass wir dennoch von frühester Kindheit an darauf angewiesen sind, uns Bilder zu machen. Das ist allerdings etwas anderes, als sich in Klischees und Stereotypen vom Idealpartner zu verlieren. Liebe ist ein überwältigendes Gefühl von Anziehung, in der Nelles den einzigen Grund für eine Partnerschaft sieht. Wer den anderen mit allen lichten und dunklen Seiten will, ohne ihm/ihr seine eigenen Erwartungen überstülpen zu wollen, der hat gute Chancen auf eine erfüllte Partnerschaft. »Junge Paare können all das noch gar nicht wissen«, betont Nelles.

Paare trennen sich oft rund vier Jahre nach der Hochzeit

Als erste Hilfe nach der Trennung können auch einmal überzogene Erwartungen ans eigene Liebesleben entmystifiziert und durchdacht werden.

In drei Schritten zur Entmystifizierung:

1. Ich notiere in Stichpunkten, was ich mir von einem potenziellen Partner am meisten wünsche.
2. Ich notiere in Stichpunkten, was ich als meine Vorzüge in einer Partnerschaft betrachte.
3. Ich stimme beides aufeinander ab, streiche alle Punkte, in denen es keine Übereinstimmung geben kann.

In einer Liebesbeziehung geht es sowohl um Ausgeglichenheit als auch Ergänzung. Es macht zum Beispiel wenig Sinn, auf einen außerordentlich gut aussehenden Partner zu warten, wenn man selbst eher durchschnittliche Attraktivität besitzt.

Gegensätze können zwar in manchen Punkten einander anziehen – z. B. »temperamentvoll/ruhig«, doch es gibt Kernqualitäten, in denen ähnliche Voraussetzungen herrschen sollten, damit die Beziehung glücklich sein kann. (Ja, Ausnahmen bestätigen wie immer die Regel.)

Liebe wissenschaftlich betrachtet

Erkenntnisse aus der Wissenschaft, wie die Liebe eigentlich funktioniert, können ebenfalls dabei helfen, einen realistischeren Blick rund um Partnerschaft zu entwickeln: Der New Yorker Anthropologin Helen Fisher ist es gelungen, der Biochemie der Liebe auf die Schliche zu kommen. Mit dem Kernspintomografen zeichnete sie den Blutfluss von Frischverliebten auf. Dabei registrierte sie eine deutliche Aktivierung des sogenannten Nucleus caudatus, der zum Belohnungssystem des Gehirns zählt. Hier werden vor allem Motivationen erzeugt. Der zweite, bei Frischverliebten besonders involvierte Ort, das ventrale Tegmentum, besteht aus etlichen dopaminerzeugenden Nervenzellen. Die Ergebnisse ließen Fisher ihre einstige These revidieren, nach der Liebe eine Kombination verwandter Gefühle von Euphorie bis Verzweiflung sei. »Ich sehe die Liebe heute als Motivationssystem im Gehirn und einen grundlegenden Trieb des Menschen«, sagt Fisher. Wenn Dopamin durch unsere Adern fließt, wirkt sich das in hoher Konzentrationsfähigkeit, unerschütterlicher Motivation und Zielstrebigkeit, begleitet von Stimmungshoch, Schlafdefizit und Herzklopfen aus. 12 bis 18 Monate halte diese Art von Euphorie im Schnitt an, hat die renommierte Wissenschaftlerin herausgefunden. Sie sieht drei Strukturen im menschlischen Gehirn als entscheidend an, mit denen das biologische Ziel der Reproduktion gesichert werden soll:

Lust, romantische Liebe und Bindung. »Lust entstand, um unsere Vorfahren zum Sex mit einer Reihe von Partnern anzuregen. Romantische Liebe ermöglichte es ihnen, die Aufmerksamkeit schließlich auf eine bestimmte Person zu richten, um kostbare Paarungszeit und Energie zu sparen.« Mit der Zeit müsse der Dopaminspiegel wieder sinken, stattdessen steigt dann die körpereigene Oxytozinproduktion. Sie triggert im Gehirn Gefühlslagen von Sicherheit, Vertrauen und Geborgenheit. Das schweißt junge Paare auf eine andere Art zusammen und sichere dem Nachwuchs einen guten Start. Nicht länger als vier Jahre blieben die ersten Homo-sapiens-Paare verbandelt, vermutet Helen Fisher. Gerade lange genug, um ein einzelnes Kind sicher durch die ersten Jahre zu bringen. So gesehen sind die Urahnen auch heute noch präsent, wenn man die weltweiten Scheidungszahlen betrachtet, die sich signifikant ähnelten. Am häufigsten trennen sich Paare rund vier Jahre nach der Hochzeit.

Auch die moderne Neurobiologie wartet mit spannenden Ergebnissen auf. An einer schlechten Beziehung festzuhalten, schadet der Gesundheit, beweist sogar die Wissenschaft. Zwischenmenschliche Erfahrungen können auch bei Erwachsenen die seelische, körperliche und mentale Gesundheit immer wieder neu definieren. Das zeigt sich sowohl im Gehirn als auch in den Körperzellen. Im Klartext heißt das, dass alles, was wir tun und womit wir uns umgeben, sich auf unseren Organismus stärkend oder schwächend auswirkt. Wenn es gegen unsere tatsächlichen, inneren Belange verstößt, wird jedes Mal subtil unsere Gesundheit geschwächt.

In unserer Zeit öffnet sich auch die Schulmedizin immer mehr den feineren Zusammenhängen zwischen Körper, Seele und Geist, die in ständigem Austausch miteinander stehen. Sogar die Aktivität unserer Gene wird ständig durch die Menschen, mit denen wir zusammenleben, beeinflusst. »Um gesund zu bleiben, braucht es gesunde, zwischenmenschliche Beziehungen«, hebt auch der Freiburger Neurobiologe Professor Dr. Joachim Bauer (siehe Interview Seite 140 ff) hervor. »Gene sind molekulare Kommunikatoren in ständigem Dialog mit der Umwelt«, sagt Bauer. Das Gehirn und die von ihm gewählten Nervenwege zeigen eine hohe Plastizität (Formbarkeit), je nachdem wie es in unserem Umfeld zugeht. Gute, friedliche und freudige Erlebnisse vertiefen entsprechende Erregungsmuster unseres Nervensystems und umgekehrt. Einen Schlussstrich unter unliebsame Beziehungen zu ziehen, kann also förderlich für die eigene Gesundheit sein. Dies gilt ganz besonders, wenn überwiegend Gleichgültigkeit, Spannungen, Streit, oder vielleicht sogar noch schlimmer, Gewalt vorherrschten.

Entspannte Mütter glauben daran, nicht perfekt sein zu müssen

Eine Trennung kann auch dazu dienen, sich von dem Wunsch, perfekt sein zu wollen, zu verabschieden. Besonders das in Deutschland stärker als anderswo in Europa verbreitete Klischee von der »guten Mutter« verdient es in diesem Zusammenhang, einmal genauer unter die Lupe genommen zu werden. Vielleicht muss man eine Weile im Ausland gelebt und den dort so viel entspannteren Umgang mit dem Muttersein erlebt haben, um die ganze Tragik dieses Irrglaubens zu begreifen. Schon die französische Philosophin Elisabeth Badinter hat belegt, dass Mutterliebe nicht angeboren, sondern sozial erworben ist. Natürlich trägt eine innige Mutterrolle, gerade in den ersten Lebensjahren, als stabile Bezugsperson sehr zur gesunden Entwicklung des Kindes bei. »Deutsche Mütter sind die einzigen, die glauben, perfekt sein zu müssen«, wundert sich auch der skandinavische Erziehungsexperte Jesper Juul, der mit seinen bodenständigen Ratschlägen inzwischen in ganz Europa gefragt ist. Ich selbst kann diese Aussage, nach über fünf Jahren in Norwegen, nur bestätigen. Unter deutschen Müttern gibt es diesen Nimbus der Selbstüberschätzung, der zwangsläufig zu Selbstverleugnung und Aufopferung führen muss. Eine solche Haltung ist ein überaus fragwürdiges Vorbild für Kinder. Nicht zuletzt üben derartige Märtyrermentalitäten in ihrem Umfeld ebenso viel Macht auf Familienmitglieder aus wie offene Dominanz. Schuldgefühle auch seitens der Kinder sind eine bekannte Folge davon.

Stabile Beziehungen zu beiden Eltern sind während der Kindheit eher zeitgemäß. Nicht wenige Väter engagieren sich nach einer Trennung viel stärker für ihre Kinder als zuvor – für die Kleinen ein echter Pluspunkt.

Essenz:

- Teilen Sie Ihren Kummer mit nahen Menschen. Das entlastet Sie und Ihre Kinder.
- Durchleben Sie alle Trennungsphasen (Nicht-wahrhaben-wollen, Trauer, Wut, Akzeptanz) . Das schafft den Anfang für Ihr neues Leben. Trennen Sie sich vom Klischee der heilen Familie und vom Wunsch, perfekt sein zu wollen. Das hilft Ihnen dabei, Altes loszulassen und Neues anzunehmen.
- Die Forschung sieht partnerschaftliche Liebe als Motivationssystem, während schlechte Beziehungen auch schlecht für Ihre Gesundheit sind. Befreien Sie sich von schlechten Beziehungen.
- Trennung ist nicht zwangsläufig negativ, sondern kann ein wichtiger Schritt zu einem erfüllteren Leben sein. Gestalten Sie Ihr Leben so, wie Sie es sich schon immer gewünscht haben.

---

2. Eltern, bis dass der Tod sie scheidet

Unergiebige und sich ständig wiederholende Konflikte zwischen den Eltern hemmen die gesunde Entwicklung der Kinder mehr als alles andere. Meist ist es nicht die Scheidung als solche, sondern die Qualität des Umgangs miteinander, die Scheidungskindern dauerhaft schadet.

Dieses Kapitel hilft Ihnen

- den Umgang mit dem Ex-Partner konstruktiver zu gestalten,
- als Mutter und Vater Verantwortung gemeinsam zu tragen,
- Ihr ganz persönliches Familienmodell zu etablieren.

Studien ergaben etwa, dass wiederholte, gerichtliche Auseinandersetzungen der Eltern, häufige Streitigkeiten ohne effektive Lösungen und die Verwicklung der Kinder in Loyalitätskonflikte sich als besonders schädlich auf deren Entwicklung auswirken. Zum Beispiel ergaben sich in dem Projekt »Kinderschutz bei hoch strittiger Elternschaft« folgende ungünstige Besonderheiten in der sogenannten Beziehungsdynamik der getrennten Elternpaare:

- hohe Emotionalität,
- Feindseligkeit,
- Vorwürfe gegenüber dem Ex-Partner in Anwesenheit des Kindes.

Auf diese Weise gelangt ein Junge oder Mädchen, die selbst an der Trennung zu knabbern haben, zusätzlich noch in einen Loyalitätskonflikt zwischen Mutter und Vater. Kinder wollen aus freien Stücken niemals die Partei für einen der Elternteile ergreifen müssen. Denn die erwähnte wissenschaftliche Untersuchung belegt, dass Vorwürfe dem Ex-Partner gegenüber bei vielen beibehalten wurden, trotz besseren Wissens um die Bedeutung einer streitfreien, sachlichen Kommunikation.

Eskalierende Streite vor den Kindern haben mehrere Nachteile

- Für den Nachwuchs bedeuten hemmungslos ausgetragene Elternkonflikte u. a. ein ungünstiges Rollenvorbild und emotionale Verunsicherung. Das hat destruktive Auswirkungen auf die Erziehung.

- Vor allem schwindet die Glaubwürdigkeit der Eltern aus Sicht des Kindes. Das Kind fühlt sich automatisch in solch einer Situation als Sündenbock und verschließt sich dadurch leichter gegenüber den Wünschen und Forderungen seiner Eltern. Es besteht die Gefahr seelischer Isolierung.

- Auch körperliche Folgen für die Gesundheit in Form von psychosomatischen, unspezifischen Symptomen, wie zum Beispiel Kopfschmerzen, Schlafproblemen, diffusen Ängsten, sind ebenfalls eine in der Untersuchung zutage gekommene Begleiterscheinung bei den Kindern.

Die Erziehungskompetenzen der Eltern sind daher nach einer Trennung für das Kindeswohl der wichtigste Faktor, schlussfolgern die Fachleute. Wie häufig der Kontakt zu dem Elternteil ist, bei dem das Kind nicht lebt, ist dagegen weniger erheblich. Viel wichtiger seien Qualität und Rahmenbedingungen des Kontakts und ob ein Wohlwollen zwischen den Eltern darüber herrscht.

Das Leben in Patchworkfamilien

Ein neuer Partner muss nicht unbedingt nachteilig für die neue Stabilität der Scheidungsfamilie sein, wenn es auch – besonders, wenn es sich dabei um den Trennungsgrund handelt – für den Verlassenen schwieriger ist, dem Ex-Partner gegenüber feindselige Gefühle in Zaum zu halten. Für ein Leben in Patchworkfamilien stellen Forschungsergebnisse Vor- und Nachteile aus Sicht der Kinder gegenüber.

Vorteile:

- zwei Bezugspersonen und Rollenmodelle,
- bessere ökonomische Ressourcen,
- Entlastung des alleinerziehenden Elternteils,
- geringe Gefahr, dass Söhne und Töchter zu Ersatz-Partnern gemacht werden.

Nachteile:

- geteilte Aufmerksamkeit von Mutter/Vater,
- erneute Anpassungsleistung notwendig,
- Gefahr einer Ausgrenzung des anderen, leiblichen Elternteils,
- Risiko wiederholter Trennungserfahrungen.

Im Schnitt bleiben weniger Väter als Mütter nach einer Scheidung unverheiratet.[2]

Eine US-amerikanische Längsschnittstudie ging 2009 der Frage nach, welche Auswirkungen Heirat und Einzug eines Stiefvaters auf die Beziehungen in der Familie hat. Dabei zeigte sich, dass die Verbindung zum getrennt lebenden Vater kaum von der neuen Ehe der Mutter in Mitlei-

2 Professor Dr. Sabine Walper, »Kindern aus Trennungsfamilien eine Geschichte geben«, Vortrag vom 22.10.2010

denschaft gezogen worden war. Mögliche irrationale Befürchtungen des anderen Elternteils, sie würden bei ihrem Kind ins Hintertreffen geraten, entsprechen damit nicht dem Kenntnisstand moderner Wissenschaft.[3]

Ein neuer Mann – ein neuer Papa?

Unser Sohn war von klein auf ein sehr bodenständiger, praktisch orientierter Bursche. Als er acht Jahre alt war und ich ihm von der anstehenden Trennung seiner Eltern erzählte, fragte er mich zu meinem Erstaunen als erstes Folgendes, was mir unvergessen bleibt: »Wenn du dann aber mal einen Freund hast, ist das dann auch mein Papa?« »Nein«, antwortete ich. »Warum sollte er das sein? Du hast doch schon einen Vater. Willst du etwa noch einen?« – »Nee, brauch ich nicht«, antwortete mein Sohn und schüttelte den Kopf. »Dann wird der wohl sowas wie ein erwachsener Freund?«, fragte er weiter. »Ja, das kann gut sein«, bestätigte ich seine Überlegung. Ein neuer Partner war übrigens zu jener Zeit sowohl für meinen Ex-Mann als auch für mich noch in weiter Ferne. Unser Sohn muss aus anderen Gründen auf die Idee gekommen sein, diese Frage zu stellen. Vermutlich hat er im Freundeskreis solche Veränderungen bemerkt und sich seine eigenen Gedanken dazu gemacht. Mir zeigt es einmal mehr, wie wichtig es ist, seinen Kindern zuzuhören und aufrichtig auf das, was sie bewegt, einzugehen, wenn auch auf altersgerechte Art und Weise. Bis heute kommt unser mittlerweile 19-jähriger Sohn zum Beispiel mit meiner Nachfolgerin, die inzwischen mit seinem Vater zwei Kinder, einen Sohn und eine Tochter, hat, bestens klar. Als ich seinen Bruder und seine Schwester in einem Gespräch einmal seine »Halbgeschwister« nannte, bat er mich, die beiden doch lieber »seine Geschwister« zu nennen. Da war er um die 14 Jahre alt. Er fände den anderen Ausdruck, über den ich gar nicht nachgedacht hatte, ziemlich blöd. Und so haben wir es seither gehalten und sogar alle gemeinsam, hier in Norwegen, Konfirmation gefeiert. Ich gebe zu, dass es für mich anfangs, als die neue Frau nach etwa einem Jahr der Trennung auftauchte, emotional nicht ganz einfach war. Ich erinnere mich z. B., als sie mit meinem Sohn und seinem Vater zum ersten Mal gemeinsam Urlaub in Schweden (nah meinem nordischen Traumland!) verbrachte und ein überaus vergnügter Junge mich von unterwegs anrief, um mir zu erzählen, dass er diese übrigens sehr sympathische Dame über einen skandinavischen See gerudert habe – für mich ein wenig gewöhnungsbedürftig, meinen Sohn so nah zusammen mit einer für mich Fremden zu wissen. Doch ich wollte, dass er ungestört und auf seine eigene Weise mit der Herzdame meines Ex-Mannes zusammenfinden könnte. Trennungsschmerz über die gescheiterte Familie verwandelte ich eine

3 Die Welt, »Nach der Trennung bleibt der Vater wichtig«, 31.03.2005

Weile in etliche Acrylbilder, die ich erstmalig während meines Erwachsenenlebens in der Freizeit malte. Einer guten Beziehung meines Sohnes zur »Neuen« wollte ich auf keinen Fall im Wege stehen. Wie hätte ich dem Liebsten, was ich habe, meinem Kind, Steine in den Weg legen können, im Kontakt mit seinem Vater, in dessen Leben meine Nachfolgerin nun dazugehörte? Zu allen Mitgliedern der Familie hat unser Sohn einen harmonischen Kontakt – ohne dass mir je etwas dadurch genommen worden wäre.

Kinder brauchen Nähe zu beiden Eltern

Es steht auf sicherem, wissenschaftlichem Fundament, dass der Vater nach der Trennung wichtig bleibt. Keine Mutter wird ihn je ersetzen können. Gleiches gilt umgekehrt. Und es ist für alle Beteiligten wenig produktiv, sich auf Mängel, Defizite oder Fehlverhalten des anderen Elternteils zu konzentrieren, die übrigens gar nicht so selten eine eher subjektive Betrachtung des Menschen sind, den man immerhin früher einmal durch eine rosigere Brille gesehen hat. Jungen und Mädchen brauchen nicht zuletzt die Rollenmodelle beider Geschlechter, sonst kann leicht ein lebenslanges Vakuum und eine innere Desorientierung entstehen, wissen Experten. Wie bereits an anderer Stelle erwähnt, kommt es dabei nicht auf Perfektion der Eltern an. Als Jugendliche können gerade die Schwachstellen von Mutter und Vater auch als Reibungspunkte für die natürliche Ablösung in ein selbstständiges Erwachsenenleben dienen. Es ist für das Kindeswohl unerheblich, ob sie beim Vater eher häufiger via Tiefkühlpizza ernährt werden, öfter am Computer spielen dürfen, zu spät einschlafen oder mit zwei verschiedenfarbigen Socken in die Schule gehen. Kinder brauchen Nähe zu beiden Eltern. Das ist es, was nach einer Trennung zählt. Es hilft jedem Elternteil, sich auf die eigene Sphäre zu besinnen, wenn es zu sehr nach Verbesserungsvorschlägen und überzogener Kritik dem anderen gegenüber dürstet. Jeder hat nach einer Trennung genug mit der eigenen Neuorientierung zu tun.

Ich selbst blicke mit einem gewissen Staunen zurück auf die, die ich während meiner Ehe war, verglichen mit der heutigen »Version«. So viele wundervolle Menschen haben meinen Weg gekreuzt und mir gerade durch ihre individuelle Persönlichkeit und ihre Art, die Dinge zu betrachten, wertvolle Anregungen für mein neues Leben gegeben. Für Erziehungsfehler des Ex-Partners (vermeintliche oder tatsächliche) ist nur dieser allein verantwortlich. Ständiges Miesmachen des anderen oder sogar ein Kontaktabbruch – meist zum Vater – kann jedenfalls zu ernsthaften Selbstwert- und Selbstfindungsproblemen bei den Kindern führen. Ein junger Mensch will erfahren, woher und von wem er stammt und zu beiden Elternteilen in inniger Verbindung stehen. Sich dafür, trotz möglichen Grolls auf den Vater zu öffnen, gelingt vielleicht am leichtesten aus Liebe zum Kind und die Erkenntnis, wie wichtig Mutter und Vater für sein Wohlergehen sind.

Die Wertschätzung, die ich als anderer Elternteil dem Ex-Partner entziehe, entziehe ich in Wirklichkeit auch dem Sohn oder der Tochter. Denn es ist ein schlichtes, biologisches Faktum: 50 Prozent von seiner Persönlichkeit und seinen Genen stammen vom Ex-Partner.

Scheidung als komplexes Geschehen

Die international anerkannte Scheidungspsychologin Judith S. Wallerstein von der kalifornischen Berkeley Universität und Julia Lewis von der Staatsuniversität in San Francisco haben eine bislang einzigartige Studie vorgelegt: Über einen Zeitraum von 25 Jahren untersuchten sie getrennte Familien. Vor allem die (ehemaligen) Kinder, inzwischen selbst erwachsen, kamen dabei zu Wort: Am wenigsten belastet hatte sich im Rückblick das Leben bei denjenigen entwickelt, die weiterhin einen guten Kontakt zu dem Elternteil gehabt hatten, mit dem sie nicht zusammenlebten. Die Ergebnisse zeigten sehr deutlich, was engagierte Eltern hier erreichen könnten, heben die Forscherinnen hervor. Hier komme es allerdings unbedingt auf den guten Willen des Getrenntlebenden, meist des Vaters, an. Die US-Untersuchung brachte nämlich auch ans Licht, dass gerichtlich angeordneter Besuch meist keine Früchte trägt. »Kein Kind, das seinen Vater im Rahmen einer rigide durchgesetzten Auflage des Gerichts regelmäßig besucht hatte, unterhielt als Erwachsener eine gute Beziehung zu ihm. Nicht nur die Kindheitsjahre, sondern auch der Übergang zum Erwachsenenleben kann durch die elterliche Scheidung belastet werden, etwa wenn die eigene Partnerwahl ansteht, können erneut Konflikte auftreten. Scheidung ist damit keine vorübergehende, geringfügige Umstellung im Leben eines Kindes, sondern ein sehr komplexes Geschehen«, so Wallerstein und Lewis.

Probleme erfahren die Kinder in der Regel langfristig nicht durch die Trennung als solche, sondern wenn daraus eine schlechtere oder gefährdete Beziehung zu Mutter oder Vater resultiert. Bei rund einem Viertel der Kinder geschiedener Eltern kam es sogar zu einem völligen Kontaktabbruch mit dem Vater. Hier herrscht überwiegend Einigkeit unter den Experten, dass die Folgen unzureichender oder fehlender väterlicher Fürsorge zu Einschränkungen in Identitäts- und Selbstwertentwicklung, in Beziehungs- und persönlicher Leistungsfähigkeit führen. »Die Trennung der Eltern hinterlässt am wenigsten Spuren für die betroffenen Kinder, wenn sich die Eltern als Paar trennen, aber sich weiter gemeinsam als Eltern des Kindes betrachten. Sie bleiben über dessen Belange im Gespräch und können die Entscheidungen für das Kind entweder zusammen finden oder die Entscheidungen des anderen Elternteils mittragen«, ist auch die Bonner Kinderpsychotherapeutin Patrizia Nossmann-Denich überzeugt. In der Realität sei das tatsächlich nicht immer einfach.

Jede Nachscheidungsfamilie braucht ihre eigenen Strategien

Fünf Stressfaktoren verursachten dabei die meisten Probleme. Das bestätigte auch Professor Sabine Walper vom Institut für Pädagogik der Universität München in ihren Untersuchungen. Die Perspektive, eine Scheidung gut zu bewältigen, verschlechtert sich bei einem Mangel an finanziellen Ressourcen, Problemen in der Beziehung zwischen den getrennt lebenden Eltern, Belastungen und Beeinträchtigungen der Erziehungskompetenzen des mit dem Kind noch zusammenlebenden Elternteils. Schwierig werde es bei weiteren Veränderungen der Lebensumstände wie etwa Schul- oder Wohnortwechsel und dem damit verbundenen Wegbrechen des Freundeskreises. Besonders nachteilig sei es, wenn negative Emotionen gegenüber dem Ex-Partner in die Beziehung der Kinder mit diesem getragen werden. Desorientierung, Verwirrung und Loyalitätskonflikte für den Nachwuchs resultieren daraus.[4]

Familiäre Beziehungen bestehen auch nach Trennung der Eltern fort, emotionale Bindungen bleiben erhalten. Der Kölner Psychologe Ulrich Schmidt-Denter (siehe Interview Seite 136ff) prägte daher den Begriff der Nachscheidungsfamilie. Wichtig sei es, sich klarzumachen, dass es in der Realität nicht *die* Scheidungsfamilie gebe, sondern jede ihre eigenen Bewältigungs- und Anpassungsstrategien verfolgen und finden müsse.

Was die glückliche Nachscheidungsfamilie auszeichnet:

- Sie unterscheidet zwischen der gestörten partnerschaftlichen Beziehung und dem Eltern-Kind-Verhältnis.
- Beide respektieren den anderen als Mutter/Vater.
- Beide Eltern halten den Erziehungsstil der Ex-Familie aufrecht.
- Gemeinsam besprechen die Ex-Partner, wie der Alltag des Kindes aussehen soll und sind für die Meinung des anderen offen.
- Mütter/Väter betrachten die Rolle des anderen Elternteils als durchweg positiv.

▶ Sich dankbar zeigen, dass das Kind beide Eltern hat.

- Die Kinder schätzen ihre positive Beziehung zu beiden Eltern.

▶ Dies geschieht automatisch, wenn Mutter und Vater die oben genannten Punkte beachten.

4 Professor Dr. Sabine Walper, Ludwig Maximilians-Universität München, Vortrag, 22.10.2010

»Wenn alles gut läuft, kann das Leben von Kindern nach einer Trennung im Schnitt nach etwa zwei Jahren wieder in der Balance sein«, betont auch Professor Sabine Walper. Nach Schätzungen werden in Deutschland rund 13 Prozent aller Kinder im Westen und 18 Prozent im Osten in einer Stieffamilie volljährig, die sich häufig als Patchworkfamilie im Alltag bewähren muss.

Kleiner Knigge für Begegnungen mit dem Ex als Elternteil
(Beim Abholen oder Bringen des Kindes/der Kinder)

- Ein paar freundliche Small-Talk-Floskeln wirken Wunder.
- Eine nüchterne, sachliche Sprache wählen.
- Nur praktische Informationen übermitteln.
- Auf Schuldzuweisungen verzichten.
- Dem anderen eine schöne Zeit mit dem Kind/den Kindern wünschen.

Essenz

- Beide Eltern bleiben nach der Scheidung für die Kinder wichtig.
- Ständiger Clinch der Eltern belastet Kinder mehr als die Trennung an sich.
- Kinder brauchen glaubwürdige Mütter und Väter, die einander als Eltern respektieren.
- Erziehungskompetenz der Eltern schützt Scheidungskinder.
- Strategien für glückliche Nachscheidungsfamilien sind individuell.

3. Sich selbst treu bleiben

Wenn wir uns nach einer Trennung neu orientieren wollen, können wir unseren »inneren Kompass« gut gebrauchen. Intuition, die Stimme aus dem Unbewussten, ist ein wichtiger Schlüssel für ein Leben in stärkerem Einklang mit unserer Persönlichkeit. Genau dadurch bleiben wir uns selbst treu. Intuition verleiht uns die Fähigkeit, in Bruchteilen von Sekunden Entscheidungen zu treffen und beispielsweise die Qualität von zwischenmenschlichen Beziehungen realistisch einzuschätzen. Wir wissen zum Beispiel intuitiv, ob eine Person, die uns begegnet, unser Partner werden könnte oder nicht. Genauso wissen wir im Grunde unseres Herzens, ob eine Beziehung noch tragfähig ist oder wir sie eigentlich besser beenden sollten. Wenn wir uns wider besseren Wissens gegen eine Trennung entscheiden, spielen nicht selten Ängste und fehlendes Selbstvertrauen eine Rolle.

Dieses Kapitel hilft Ihnen

- der inneren Stimme im Alltag mehr Gehör zu schenken,
- mit eigenen Werten Trennungs-Turbulenzen zu trotzen,
- Erschöpfung und Burn-out nach der Trennung vorzubeugen.

Auf Intuition und Bauchgefühl vertrauen

Warum spielt die Intuition, gerade wenn es um unsere Lebenszufriedenheit geht, eine Schlüsselrolle? Intuitive Entscheidungen dürfen längst öffentlich, selbst in Politik und Wirtschaft, als solche geoutet werden. Hirnforscher präsentieren eine Fülle neuer Erkenntnisse rund um das viel zitierte Bauchgefühl. »Die Erforschung der neuronalen Vorgänge, die sich bei intuitiven Entscheidungen vollziehen, erlebt derzeit einen dramatischen Auftrieb«, erklärt Jonathan Cohen von der Princeton University (US-Bundesstaat New Jersey)[5]. Erstaunt zeigen sich die Forscher vor allem darüber, wie präzise und erfolgreich solche Entschlüsse oft geraten. »Je komplexer eine Entscheidung, desto mehr sollte man seinem Unbewussten vertrauen«, hebt auch der niederländische Sozialpsychologe Ap Dijksterhuis hervor. Sigmund Freuds Vorstellungen über verdrängte Altlasten, die das Unbewusste belagern, müssen mittlerweile ergänzt werden. Neuere Forschungen ergeben, dass dort, in jenen dem

5 Die Welt, 09.09.2008

Willen unzugänglichen Räumen, auch allerlei Nützliches verborgen liegt – ein geheimer Erfahrungsschatz, der mithilfe der Intuition gehoben werden kann. Schöpferische Menschen haben das zu jeder Zeit gewusst. »Gute Intuition ignoriert Informationen von außen«, sagt Professor Gerd Gigerenzer, Direktor am Berliner Max-Planck-Institut (MPI) für Bildungsforschung. »Ich definiere Intuition durch drei Komponenten«, erläutert er. »Zum Ersten ist sie ein Urteil, welches schnell im Bewusstsein ist. Es ist einfach da. Zum Zweiten ist sie stark genug, um unser Handeln zu leiten. Zum Dritten, und dies ist der wesentlichste Punkt, ist Intuition ein unbewusster Prozess.«

Darum ist Intuition ein vortrefflicher Trennungswegweiser:

- Sie weiß, was wir wirklich wollen.
- Sie ist schnell verfügbar.
- Sie ist handlungsweisend zur rechten Zeit.

Bauchentscheidungen gehören zum Alltag

Gigerenzer ist überzeugt, dass analytische Entscheidungen nicht unbedingt die besseren sind, selbst wenn sie von vielen immer noch bevorzugt werden. In einem Test sollten Schüler spontan entscheiden, ob ein ihnen unbekannter Lehrer guten Unterricht bieten würde. Ihre Urteile erwiesen sich unterm Strich als treffsicherer gegenüber denen der Vergleichsgruppe, welche eine ganze Stunde Zeit hatte, den Lehrer zu bewerten. In vielen Berufen und Tätigkeiten, etwa bei Notfallmedizinern oder Sportlern, gehören Bauchentscheidungen auf die Schnelle ohnehin zum Alltag. Die Frage eines Arztes etwa, ob ein Patient mit schweren Brustbeschwerden auf die Intensiv- oder Normalstation gehört, kann über Leben und Tod entscheiden.

Übung für die Schulung der Intuition

An einem gemütlichen Platz zu Hause können wir lernen, die Sprache der Intuition besser und besser zu verstehen:

- Lassen Sie uns täglich etwa 30 Minuten Zeit für Stille und Rückzug im Alltag einbauen.
- In Stichworten notieren wir, welche Empfindungen währenddessen aufsteigen: Worum handelt es sich hier? Was steckt dahinter? Wie könnten wir sie, falls sie unangenehm sind, verwandeln?
- Wir entspannen uns weiter und bringen das übliche innere Geplapper* zum Schweigen: Was geschieht? Werden wir ruhiger, ungeduldig, vielleicht sogar ängstlich?

*Diese Form des inneren Dialogs, die gerade in Krisenzeiten besonders wirr und ungerichtet sein kann, hat nichts mit der inneren Stimme, von der hier die Rede ist, zu tun, sondern übertönt diese meist. Die Intuition ist präzise, ruhig und friedvoll. Wir wissen einfach sofort, wenn sie spricht. Um sie zu hören, muss unbedingt »ein Gang rausgenommen werden«. Dadurch dämpfen wir das diffuse, unruhige mentale Hin und Her – unsere Intuition gibt sich klarer zu erkennen.

- Was hindert uns daran, uns lebendiger zu fühlen?
- Was könnten wir gerade jetzt in unserem Leben gut gebrauchen?

Wenn wir uns täglich Zeit für die Übung gönnen, werden wir nach einer Weile immer sicherer darin, die Botschaften dieser feinen Sprache zu verstehen und zu realisieren.

Intuitive Entscheidungen lassen sich auch schnell mal zwischendurch, während alltäglicher Situationen, trainieren.

Drei Beispiele:

- Intuitives Wechseln der Straßenseite, wenn Sie ein ungutes Gefühl abends spät, beim Anblick des entgegenkommenden Passanten, bekommen.
- Spontanes Folgen von Gedanken wie: »Jetzt wäre es schön, nach draußen zu gehen, doch ich muss ja …« Ja, gehen Sie raus! So lernt man, allzu strenge Tagespläne aufzulockern und kann erleben, dass es keine katastrophalen Folgen nach sich zieht.
- Ihrem Kind spontan Vertrauen beweisen, indem Sie nicht kontrollieren, was Sie vereinbart haben. Sie konzentrieren sich auf den Gedanken, dass es dieses Vertrauen verdient und stärken es letztendlich damit.

Achtung: Wer anfängt, mehr auf seine Intuition zu achten, wird unweigerlich auch mit seinem höchst persönlichen Kritiker, nennen wir ihn »inneren Querulanten«, Bekanntschaft machen. Dieser zeigt sich gerne als ewig spöttischer Miesmacher, der glaubt zu wissen, wie es in der von ihm gern als rau bezeichneten Wirklichkeit des Lebens tatsächlich zugeht. Nun gilt es, sich immer wieder klar zu machen, dass uns die Realität stets als das erscheint, was wir in ihr sehen wollen. Sie ist ein Spiegel unserer Einstellungen, worüber seit Menschengedenken philosophiert wird – Psychologen nennen es Projektion, wenn man seine subjektive Sicht der Dinge für objektive Wahrheit hält.

Ein simpler Beweis ist das berühmte Glas Wasser, das zur Hälfte gefüllt ist: Spricht der realistisch, der es als halbleer bezeichnet oder der, der die vorhandene Fülle sieht? Eben.

Das Grandiose an der Intuition ist, dass sie tatsächlich stets unser Bestes will und genau weiß, wie wir es erlangen. Auf sie hören zu lernen ist der Königsweg, um sich selbst treu zu bleiben. Sie flüstert uns leise zu, was uns wirklich gut täte. Als weiser, innerer Kompass kann sie mehr erreichen, als wir es in unseren kühnsten Träumen glauben. Besagter Querulant hingegen stammt aus alten Erziehungsmustern, denen meist Angst zugrunde liegt. Je weniger Gehör wir ihm schenken, umso besser für unsere Lebensqualität. Es hilft, seine »Unkenrufe« zwar zur Kenntnis zu nehmen, doch ohne den Querulanten Regisseur sein zu lassen. Im Unbewussten findet sich der Stoff, aus dem die Wunder sind. Wir können solange wir leben daraus schöpfen.

Fazit:

Intuitive Entscheidungen, für die es manches Mal Mut braucht, bringen uns weiter als stundenlange Grübeleien. Meist ist die erste Lösung, die uns spontan mit Klarheit in den Sinn kommt, die fruchtbarste. Die Intuition hat gesprochen.

Das Unbewusste und unser psychisches Leben

Der Schweizer Psychoanalytiker C. G. Jung forschte bereits zu Beginn des 20. Jahrhunderts rund um das Unbewusste. Er gliederte es in einen persönlichen und kollektiven, allen Menschen gemeinsamen Teil. Es liefere nicht nur Material[6] für Träume, Fantasien und Visionen, sondern sei für das gesamte psychische Leben relevant. Die sogenannten Archetypen, Urbilder der Seele, stellen psychisch notwendige Reaktionen auf bestimmte Situationen dar. Während wir unser bewusstes Handeln mit unserem Willen steuern können, folgt das Unbewusste seiner eigenen, uns nicht so leicht zugänglichen Ordnung und Kontinuität. Die Archetypen seien gewissermaßen die Kraftfelder und -zentren des Unbewussten. Um sich in diesem Sinne weiterzuentwickeln, braucht es nicht zuletzt gerade die subjektiv zunächst als dunkel/negativ empfundenen Erfahrungen.

Wer beginnt, bei sich das Tor zum Unbewussten zu öffnen, gelangt mit der Zeit in tieferen Kontakt mit sich selbst und erkennt besser, was er mit seinem Leben wirklich anfangen will. Mit der Zeit fällt es uns leichter,

6 Jolande Jacobi »Die Psychologie von C. G. Jung«, 2008

konstruktive Lösungen für den Alltag und seine Herausforderungen zu formulieren. Diese Quelle ist ganz besonders nützlich, wenn wir uns in einer Trennung befinden.

Wie ich die Tür zum Unbewussten öffne:

- Erlernen Sie Meditation, besuchen Sie z. B. einen Kurs. Es gibt ein reichhaltiges Angebot.
- Hypnose ist eine altbewährte Methode, bei der mithilfe eines dazu ausgebildeten Experten neue Ziele (z. B. mutiger mit Herausforderungen umzugehen) im Unbewussten verankert werden können.
- Suchen Sie sich einen (seriösen) Coach, zum Beispiel für neurolinguistische Programmierung. Suchen Sie auch im Internet nach seriösen Angeboten in Ihrer Nähe.

Es sind die geheimnisvollen, schier unendlichen Räume, aus denen Künstler aller Zeiten Impulse für ihr Schaffen gewonnen haben. Diese Kräfte lassen sich auch für Normalmenschen in Zeiten einer Trennung sehr gut nutzen.

Was sagt die Forschung weiter dazu? John-Dylan Haynes vom Berliner Bernstein Centre for Computational Neuroscience hat die Macht des Unbewussten wissenschaftlich erforscht. Im Scanner zeigten sich bei seinen Untersuchungen Hirnregionen für Entscheidungen bereits aktiviert, bevor seine Probanden aktiv darüber nachdenken, um Für und Wider abwägen zu können.[7]

Seit der Aufklärung huldigt unsere westliche Kultur dem Verstand über die Maßen, obwohl er nur teilweise Entscheidungen steuert. Seit rund zehn Jahren wird die menschliche Intuition wieder mehr und mehr gesellschaftsfähig. Zu viel Einseitigkeit hat in der Geschichte stets ein Umdenken auf den Weg gebracht. Heute streben immer mehr Menschen ein vollständigeres Weltbild an, in welchem Intuition und Verstand Hand in Hand unsere Leben begleiten.

Dem Ex-Partner seine eigene Version der Beziehung lassen

Um nach einer Trennung wieder auf sicherem Grund zu stehen, hilft es sehr, sich einmal über seine eigenen Werte klar zu werden. Sie sind die Basis, die gerade in unruhigen Zeiten helfen. Auch die Forschung hat sich in jüngster Zeit vermehrt mit Werten befasst, etwa wenn es um Führungsqualitäten in Unternehmen geht. So ergibt eine aktuelle Studie der sogenannten Wertekommission unter rund 300 deutschen Führungskräften eine Renaissance ethischen Handelns: Mit je 70 Prozent bilden

7 Die Welt, »Intuition siegt über Analyse«, 09.09.2008

»Verantwortung« und „Vertrauen« die Hauptsäulen des Wertegerüsts für die Wirtschaft, gefolgt von »Integrität«. In diesem Zusammenhang wurde herausgefunden, dass »belastbare und glaubwürdige Wertesysteme einen bedeutenden Beitrag zum dauerhaften Unternehmenserfolg leisten und die Voraussetzungen verbessern, mit Verwerfungen und Unsicherheiten umzugehen«, so die Forscher. Übertragbar auf die private Ebene sind die dabei beleuchteten Vorteile allemal. Verwerfungen und Unsicherheiten sind nun genau das, womit Trennungsfamilien im Zuge der Umstellung besonders zu kämpfen haben. »Verantwortung«, »Vertrauen« und »Integrität« können ebenso gut privat als überaus stabilisierende Kräfte in turbulenten Zeiten betrachtet werden.

Wertesammlung für die Nachscheidungsfamilie.

Setzen Sie sich mit Ihren Kindern (falls sie alt genug dazu sind, ab ca. acht bis zehn Jahren) zusammen und sprechen darüber, was Ihnen im Zusammenleben besonders wichtig ist. Legen Sie gemeinsam eine Liste an, wo nicht nur die Werte notiert werden, sondern auch in Stichworten ergänzt wird, was jeder darunter versteht.

Das könnte zum Beispiel auf der Liste stehen:

- Vertrauen – sich auf Vereinbarungen (Zeit des Nachhausekommens) verlassen können,
- Zeit zum Zuhören,
- Spaß haben,
- Gar nichts tun, Füreinander da sein, Hausaufgaben erledigen.

Dadurch lernen bereits Kinder, dass Werte nur gegenseitig funktionieren, wenn alle mitmachen.

Kindern verhelfen diese Werte nicht nur zu einer leichteren Verarbeitung der Trennung, sondern liefern einen lebenslangen Leitfaden, um Krisen zu trotzen. Als Elternteil bei sich selbst damit zu beginnen, funktioniert aus gutem Grund stets besser, als den Wertewandel beim anderen, z.B. dem Ex-Partner, einzufordern. Wer bereit ist, ganz und gar Verantwortung für das eigene Leben zu übernehmen, zieht andere automatisch mit und stärkt sein eigenes Selbstvertrauen und seine Integrität.

Aufrichtigkeit hilft

Stärkung von Integrität ist eng mit Aufrichtigkeit verknüpft. Auch sie dient dazu, dass wir unseren Überzeugungen treu sind. Sich selbst und anderen etwas vorzumachen oder die Augen vor den eigenen Schwächen zu verschließen, führt einen leicht ins Abseits. Mut zur Trennung bedeutet immer auch, sich selbst und den eigenen Anteil am Scheitern einer Beziehung genauer zu beleuchten, um künftig, z. B. in einer neuen Partnerschaft, nicht wieder die gleichen Fehler zu machen. Von Natur aus stehen unsere Voraussetzungen zur Selbsterkenntnis gut. »Die Abneigung gegen das Lügen ist ein Teil der menschlichen Natur – eine spontane Reaktion des Organismus«, betont der italienische Psychologe Piero Ferrucci. »Zunächst erscheint es unangenehmer und schwieriger, die Wahrheit zu sagen als zu lügen. Und gerade diese Überzeugung verleitet uns zur Lüge, mit der wir unsere Schwächen verbergen und Erklärungen, ebenso wie Probleme, vermeiden wollen – aus Faulheit oder vielleicht auch aus Angst. Auf längere Sicht aber erweist sich die Lüge als schwieriger, verkompliziert sie nur unser Leben.«[8]

Noch hartnäckiger, wenn auch sehr menschlich, sind Selbstlügen wie wir sie alle von jenen Ex-Partnern kennen, die nur ihre Version der Beziehung für die wahre halten. Dem anderen seine Sicht der Dinge zuzugestehen, ist dabei alles andere als nur ein selbstloser Akt, sondern dient uns selbst zur Bewältigung der Trennung.

Sich selbst treu bleiben bedeutet letztendlich auch, alles, was einem widerfährt, anzuerkennen. Auch eine Trennung muss langfristig nicht als zerbrochener Lebensentwurf kultiviert werden. Das, was einmal war, hatte seine Zeit und Berechtigung. Das einstige »Ja«-Wort war zu seiner Zeit nicht falsch. Wie viel angenehmer ist es für die ganze Famile nach einer Trennung, die Erinnerung hochzuhalten, was die Beziehung in ihren besten Zeiten einmal war? Das kann nur gelingen, wenn Vergänglichkeit und Tod als grundlegendes Faktum unserer Existenz auf Erden gesehen, anerkannt und nicht zwingend als persönliches Scheitern betrachtet werden. Wie gut würde es gerade den Kindern tun, wenn sich die geliebten Eltern früher oder später darauf besinnen könnten, wie viel Grund zur Dankbarkeit sie auch füreinander haben? Schon um des gemeinsamen Kindes Willen, das ohne diese Verbindung niemals das Licht der Welt erblickt hätte.

---

8 Piero Ferrucci, »Nur die Freundlichen überleben«, Warum wir lernen müssen mit dem Herzen zu denken, wenn wir eine Zukunft haben wollen, 2006

Durch Wohlwollen fühlen wir uns selbst gut

Nach der Trennung ist das Risiko für Erschöpfung bis hin zum Burn-out besonders hoch. Durch Verzicht von Feindseligkeit dem ehemaligen Partner gegenüber werden nicht zuletzt die eigenen Nerven geschont, weil mit eigenen Kräften ausgeglichener umgegangen wird, nach dem Motto »Choose your battles« – »Wähle deine Schlachten«. Der Neurobiologe Joachim Bauer hat sich seit Langem auf die Suche begeben herauszufinden, was den Menschen antreibt, wohlwollend zu sein. Diese Einstellung färbe auf das eigene Befinden positiv ab, betont er. »Im Mittelhirn gelegene Motivationssysteme, und nur sie, sind in der Lage, Botenstoffe herzustellen, die angenehme Empfindungen bereiten«, so Bauer. Zusätzlich wurden Verhaltensweisen ermittelt und bestimmt, die zu einer Aktivierung dieser Belohnungssysteme führen, in Form von Freisetzung der zuständigen Neurotransmitter als biochemische Botenstoffe (z. B. Dopamin, Endorphine, Oxytozin).

Interessant an den Ergebnissen ist, dass es keinen Anreiz für besagtes Motivationssystem bedeutet, anderen Schaden oder Schmerzen zuzufügen. (Es sei denn, wir haben es mit echten Psychopathen zu tun, wie Bauer betont.) Das Gehirn und sein komplexes, signalstoffgesteuertes System zeigen sich hingegen überaus motiviert, wenn sie Vertrauen, soziale Wertschätzung und Kooperationsbereitschaft erleben, manchmal sogar, wenn dies für uns nachteilig ist, etwa mit materiellem Verlust verbunden. Werte wie Vertrauen und Integrität sind also bestens geeignet, unser ganz persönliches Wohlbefinden zu fördern. Dies beweist auf wissenschaftlicher Grundlage nicht nur, wie sehr jeder Mensch seines eigenen Glückes Schmied ist, sondern auch, dass positive Werte Menschen generell handlungsfähiger werden lassen als angstgesteuerte Szenarien, welche – falls ihnen gefolgt wird – mit der Zeit immer unzufriedener und ausgebrannter machen.

In Gesprächen mit führenden Hirnforschern[9] tauschte sich kein geringerer als der Dalai Lama einmal über den Segen des Mitgefühls für unser eigenes Wohlbefinden aus. Bauers Hirnforschung bestätigt, was dieser geistige Führer und seine jahrtausendalte Kultur der Menschheit vermitteln: »Wenn wir im Zustand von einem gewissen Mitgefühl bleiben, geht es uns selbst am besten.« Das lässt sich sogar physiologisch messen – Herz und Kreislauf arbeiten entspannt und ruhig und unsere Hirnwellen sind im besonders wachen und konzentrierten Modus. Es könnte sich also um den angeborenen Zustand des Homo sapiens handeln, welcher am besten geeignet ist, ihn durch sein Leben zu bringen.

---

9 Die heilende Kraft der Gefühle, Gespräche mit dem Dalai Lama über Achtsamkeit, Emotion und Gesundheit, 2000

Professor Bauer befasste sich zudem in seinen Untersuchungen mit Aggression und wie sie als Wut zu den Phasen einer Trennung dazugehört (siehe Seite 140). Er konnte wissenschaftlich damit belegen, dass man sich damit selbst und anderen schadet: »Ein Durchbruch zum Verständnis menschlicher Aggression in unserer Zeit war die Entdeckung, dass das Schmerzsystem des Gehirns nicht nur bei körperlichem Schmerz aktiv wird, sondern auch dann, wenn Menschen sozial zurückgewiesen werden. Dies erklärt, warum nicht nur körperliche Angriffe, sondern auch Ausgrenzungen und Demütigungen Aggressionen nach sich ziehen.«

Auch Helfersyndrom gefährdet die Balance

Wenn es um den Umgang mit dem Ex-Partner geht, kann die Frage, wer mit Feindseligkeit im Umgang begonnen hat, genauso müßig sein wie die, ob das Huhn zuerst da war oder das Ei. Ratsam ist es, nicht darauf zu warten, dass der andere sich in Friedfertigkeit übt, sondern selbst den Anfang zu wagen. In diesem Sinne verstehe ich unter »sich selbst treu bleiben«, seinem eigenen Wertesystem gemäß zu handeln und im Umgang mit dem Ex-Partner nicht Gleiches mit Gleichem vergelten zu wollen, egal, was für Kapriolen der andere auch schlagen mag. Das bringt rasch wieder Ruhe in den Alltag, nach der sich viele Menschen heutzutage aus gutem Grund sehnen, und beugt damit der Gefahr des Ausgebranntseins vor. Denn Burn-out geht mit einem Verlust der eigenen Mitte einher. Eine Trennung hat uns aus der tatsächlichen Mitte unseres Alltags gebracht, was uns anfälliger für Burn-out macht. Nicht nur zu viel Aggressivität, sondern ebenfalls zu viel »Helfersyndrom« gefährdet diese Balance. Das beobachtete der US-Psychoanalytiker Herbert Freudenberger bereits 1974, der den Begriff des Burn-out-Syndroms prägte. Über fünf Jahre hatte er New Yorker Streetworker als Supervisor begleitet. Dabei fiel ihm auf, dass insbesondere Sozialarbeiter, die zu Beginn voller Elan und Idealismus ihren Job antraten, ihre Haltung mit der Zeit ins andere Extrem verwandelten. Von dem Wunsch, die Schützlinge zu unterstützen und zu besseren Menschen zu machen, war nichts mehr geblieben. Stattdessen zeigten sie Zynismus und Verachtung. Mit bedenklich großer, innerer Distanz – Psychologen sprechen vom »Infarkt der Seele« – erlebten die Straßenarbeiter inzwischen ihren Alltag. Gleichzeitig fühlten sie sich ausgelaugter und erschöpfter denn je.

Hinter zu viel Hilfsbereitschaft verbirgt sich nicht selten ein versteckter Machtanspruch mit dem Wunsch, alles zu kontrollieren, gibt Bauer zu bedenken. »Zwischenmenschliche Beziehungen beeinflussen die Gesundheit. Denn das Gehirn macht aus Psychologie Biologie«, weiß er. Hilfe zur Selbsthilfe bringt Kindern die eigene Kompetenz näher und stärkt damit ihr Selbstwertgefühl.

Positive Erlebnisse bringen Wohlfühlstoffe ins Gehirn

Die biologische Erklärung: Jegliches Ausgebranntsein liegt vor allem in unseren Hirnstrukturen, so Professor Joachim Bauer (siehe Interview Seite 140 ff). Er forschte ebenfalls rund um das Burn-out-Syndrom: »Unser Gehirn wandelt psychische Erfahrung um in Motivationsstrukturen, von denen zentrale Neurotransmitter und Hormone ausgeschüttet werden, allen voran das Dopamin, aber auch Oxytozin und Endorphine. Bei missglückten menschlichen Beziehungen – egal, ob im Job oder privat – fahren diese Motivationsstrukturen runter auf null.«[10] Alltägliche Aufgaben werden zu unüberwindbaren Hürden. Denn um sich wohlzufühlen und zuversichtlich zu sein, braucht es biochemisch betrachtet genügend Moleküle jener positiven Botenstoffe im Blut.

Wohlfühlfaktoren während der ganzen Woche sammeln.

Zum Beispiel so:

- Sich nicht für alles verantwortlich fühlen. Loslassen bedeutet, jeden Tag wieder nicht zu viel von sich selbst zu verlangen. Besser ist es, etwas abzugeben und stattdessen mit gutem Gewissen etwas Erfreuliches tun: lesen, Musik hören, die Veranda neu gestalten, ein langes Telefongespräch, das Spaß macht, oder einfach nur die Seele baumeln lassen.

- Rhythmen finden, entspricht schlicht unserer Natur. Nach dem Job immer zur gleichen Zeit erst mal eine halbe Stunde etwa mit einem Kaffee Latte entspannen und nicht gleich in vollem Tempo weitermachen – unabhängig davon, wie viele Aufgaben noch zu erledigen sind. Wenn **Sie** sich nicht selbst solche »Inseln« schaffen, wird es auch sonst niemand tun.

- Möglichst für freie Abende sorgen und z. B. den Hausputz auf den Samstagvormittag legen. Solche festen Strukturen steigern die innere Sicherheit, vermindern Chaos und Gehetztsein.

- Den Sonntag wieder als »heilig« betrachten, bringt Erwachsenen und Kindern sehr viel Ruhe und Rhythmus in die Woche. Das heißt, an diesem Tag absolut nichts, was an Arbeit erinnert, machen, nicht mal eine Waschmaschine anstellen. Diskutieren Sie sonntagmorgens, was heute jedem besonders Spaß machen würde. Manchmal vielleicht ja nur, im Schlafanzug rumlaufen. Erleben Sie, mit wie viel mehr Elan nach so einem echten Ruhetag in den Montag gestartet werden kann.

---

10 Die Welt, »Bei dauerhafter Übelastung droht ein Infarkt dre Seele«, 10.04.2006

Wer sich nicht wohlfühlt wird krank

Nach einem positiven Erlebnis schüttet das Gehirn entsprechende Wohlfühlstoffe aus, was wiederum die Laune steigen lässt. Falls sie fehlen, beginnt ein echter Teufelskreis: Der Organismus gerät in ständige Alarmbereitschaft. Dafür sorgen vor allem die Stresssysteme, die, einmal in Gang gesetzt, zu einer vermehrten Produktion der Hormone Kortisol und Noradrenalin führen. »Das hat für die Gesundheit vielfältige Folgen, die Balance geht verloren«, sagt Bauer. Stresshormone machen beispielsweise auf Dauer das Immunsystem »platt«, Infekte und andere körperliche Beeinträchtigungen treten vermehrt auf, der Ausgebrannte gewinnt zunehmend das Gefühl, sowieso nicht mehr auf die Füße zu kommen. Das Noradrenalin hinterlässt, laut Bauer, seine Spuren im Herz-Kreislauf-System. Der Blutdruck klettert hoch, ein chronisches Gefühl von Belastung und Stress breitet sich aus. Eigeninitiative wird immer schwieriger. Von der Evolution einst als sinnvolles Fluchtsystem selektiert, setzen Stressreaktionen auf längere Zeit und ohne Regeneration den modernen Menschen eines Tages schachmatt. Es ist die Krankheit unserer modernen Tage. Zeitdruck und Überforderung sehen Experten, neben einem übertriebenen Verantwortungsgefühl, als Ursachen. So belegt der Gesundheitsbericht der Deutschen Angestellten-Krankenkasse, dass die Zahl der Krankmeldungen immer häufiger durch psychische Erkrankungen verursacht wird.

Alle Eltern wissen, dass das Leben mit Kindern viel Freude bringt, doch immer wieder auch unsere Grenzen herausfordert. Getrennt zu sein, hat den Vorteil, dass wieder mehr Zeit für sich selbst erübrigt werden kann, nämlich dann, wenn der Nachwuchs Zeit/Ferien mit dem anderen verbringt. Eine gute Art, sich im Loslassen zu üben, ist es, diese ungewohnte Freizeit mit etwas ganz und gar Erfreulichem zuzubringen.

Professor Bauers Schutzfaktoren, um Burn-out vorzubeugen:

- Persönliche Freiräume für sich gestalten.
- Auch in Zeiten von Veränderung einen gesunden Lebensstil mit ausgewogenen Mahlzeiten und Bewegung wählen.
- Genügend freudige Erlebnisse in den Alltag einbauen, die die Seele »nähren«.
- Zu viel Hilfsbereitschaft, auch den Kindern gegenüber, zurückfahren.
- Jede Beziehung funktioniert nur, wenn das Mitgefühl für die eigenen Belange und die des Gegenübers ausgewogen ist.
- Den Mitmenschen spontaner und weniger ängstlich begegnen.

Wie Ausgeglichenheit, am Beispiel von Geben und Nehmen funktioniert, macht uns schon die Natur eindrucksvoll vor: Schon rein physiologisch ist alles in unserem Organismus auf Rhythmus und Balance angelegt. In jeder Zelle herrscht das sogenannte offene, dynamische Gleichgewicht – d.h. es ist immer ein Geben und Nehmen, vergleichbar mit Ebbe und Flut. Jede biochemische Substanz, ob Hormon oder Nervenbotenstoff, hat ihren Gegenspieler, der wieder für Ausgleich sorgt. Aufbau und Abbau – Dur und Moll – fließen als Musik allen Lebens durch unsere Zellen.

Unsere Handlungen beeinflussen Söhne und Töchter

Kinder regt das gelebte Vorbild von Ausgeglichenheit stärker zur Nachahmung an als sämtliche elterlichen Appelle, wie sie sich verhalten sollen. Genau davon erzählt auch der weltberühmte deutsche Schriftsteller Thomas Mann in seinem Roman »Buddenbrocks« in einer Szene: Vater Buddenbrock, der ewig getriebene Unternehmer, will seinem Sohn Hanno ein Lehrstück des erfolgreichen, väterlichen Unternehmertums präsentieren und nimmt ihn eines Tages mit zu seinen Geschäften. Hanno, der künstlerische, sensible und so gar nicht den konservativen Männeridealen entsprechende Sohn, beobachtet stattdessen – anders als vom Vater geplant – die vielen Erschöpfungszeichen des Vaters, wie z.B. seine rot umränderten Augen, die matte Körperhaltung und die müden Gesichtszüge, und schwört sich insgeheim, niemals in des Vaters Fußstapfen zu treten. Das ist der Grund, warum schöne Worte unsere Söhne und Töchter meist wenig beeinflussen, doch unsere Handlung und wie es uns damit geht hingegen schon.

Eigene Grenzen glaubhaft vermitteln

»Wer zu häufig seine Integrität verliert und ‚Ja' sagt, wo er eigentlich ‚Nein' meint, erlebt Liebe schnell als Gefängnis und Familie als erdrückend«, bestätigt auch Familienexperte Jesper Juul. Er sei davon überzeugt, dass eine Gemeinschaft umso stärker ist, je stärker sich jeder Einzelne als Individuum definiere. »Das heißt, je genauer er weiß, was er will oder nicht will, und dies auch deutlich ausdrücken kann. Das hat nichts mit Egoismus zu tun. Denn seine Bedürfnisse zu äußern bedeutet nicht, sie um jeden Preis durchsetzen zu wollen oder zu erwarten, dass sie erfüllt werden. Es ist vielmehr der Einstieg, um anderen zu begegnen und sich mit deren Bedürfnissen auseinanderzusetzen.«[11] Anstatt die Grenzen des Ex-Partners oder der Kinder festlegen zu wollen, funktioniert es besser, seine eigenen Grenzen glaubhaft zu vermitteln.

11 Jesper Juul, »4 Werte, die Kinder ein Leben lang tragen«, 2012

Es scheint wie ein flächendeckendes Phänomen der heutigen Gesellschaft: Nicht wenige fühlen sich fremd und nicht wirklich zugehörig in ihrem eigenen Leben. Doch längst haben sich viele von ihnen, ob mit oder ohne Nachwuchs, auf den Weg gemacht, die zu sich selbst verlorene Verbindung wieder neu zu knüpfen und dauerhaft zu verankern. Auch Kinder können in diesem Sinne ihren Eltern als Vorbild dienen. Sie wissen von Natur aus, wer sie sind und was ihnen Freude bringt, solange sie nicht durch rigide Systeme während des Heranwachsens daran gehindert werden. Offenheit im Umgang mit eigenen Erfahrungen, die Bereitschaft, mutig und auf seine ganz eigene Art durch die Krise hindurchzugehen, helfen Ihren Kindern viel mehr, eine neue Balance zu finden. Integrität zu erlangen bedeutet, sich sowohl mit seinen Schokoladen- als auch seinen Schattenseiten vertraut zu machen und sie zu akzeptieren.

Nach einer Trennung braucht es genügend Zeit mit sich allein, um die Knoten des Lebens und der gescheiterten Beziehung wieder zu lösen. Die großen Weltreligionen kennen alle diese besinnlichen Rückzüge vom Lärm der Welt. Klöster etwa sind inzwischen ein beliebter Zufluchtsort für geplagte Menschen beiderlei Geschlechts geworden, besonders für solche, die sich an einem Wendepunkt befinden. Doch zum Trost: Genau in dieser Dunkelheit, die sehr einsam ist, wird das Licht geboren. Auch Buddhisten gehen davon aus, dass jeder Einzelne seinen Weg in sich selbst finden kann. Denn dieser ist individuell wie ein Fingerabdruck. Buddha war es auch, der u. a. davon sprach, Achtsamkeit zu wählen.

Den eigenen Ruhepunkt zu entdecken und zu bewahren, ist ein wichtiger Meilenstein in der Bewältigung einer Trennung. Es hilft sehr, wenn es darum geht, sein Leben neu zu ordnen. Jene Stille zu finden und immer wieder eine Weile in ihr zu verharren, ist womöglich für viele die größte Hürde in unserer lärmenden Zeit.

Kleine Morgenmeditation für mehr innere Ruhe nach einer Trennung
Bleiben Sie nach dem Aufwachen noch eine Weile im Bett liegen und stellen Sie sich in Ihrem Herzen eine strahlende Sonne vor, die sich mit ihren Strahlen immer weiter ausbreitet, bis sie schließlich einen Kreis rund um Ihren ganzen Körper zieht und von dort aus strahlt. Ihre Gedanken kommen und ziehen dabei weiter wie sie wollen. Gleichzeitig mit dem imaginierten Sonnenlicht breitet sich eine wohlige Wärme vom Kopf bis in die Zehenspitzen aus. Spüren Sie Ihre innere Sonne mindestens zehn Minuten lang, bevor Sie in den neuen Tag starten.

Essenz

- Intuitive Entscheidungen machen zufriedener.
- Urbilder der Seele sind Kraftfelder unseres Handelns.
- Wollwollen gegenüber dem Ex-Partner bringt Ruhe nach der Trennung, was sogar wissenschaftlich untermauert ist.
- Aufrichtigkeit und Integrität erleichtern die Trennung.
- Sich im Alltag wohler zu fühlen, lässt sich trainieren, z. B. eigenen Bedürfnissen mehr Gehör schenken und sie stärker, auch den Kindern gegenüber, realisieren.

4. Kinder brauchen reife Eltern

Der Abschiedsschmerz vom Partner klingt garantiert mit der Zeit ab, die gewonnene Lebenserfahrung jedoch bleibt. Das wissen alle, die schon einmal eine Trennung durchlebt haben. Nun kommt es darauf an, sich auch gedanklich von der Vergangenheit zu lösen. Stabilität für die Nachscheidungsfamilie wird durch ständiges Zerreden der Misere verzögert.

Dieses Kapitel hilft Ihnen

- weiter nach vorn zu blicken und die Vergangenheit loszulassen,
- durch die Trennung mehr Reife zu gewinnen, damit die Kinder nicht erwachsen spielen müssen,
- Macht über das eigene Leben zurückzuerlangen.

Besonders Frauen können es oft nicht lassen, die eigene Trennungsgeschichte mit Freunden und Bekannten zum zigsten Male durchzukauen, so als wäre es gestern geschehen. Einen gelungenen Neuanfang erschwert das unnötig. Freundschaften werden zudem leicht überstrapaziert. Selbst die Allernächsten ermüden irgendwann in ihren Qualitäten als Zuhörer oder Ratgeber und selbst hilft es einem auch nicht weiter. Sich immer wieder über die Fehler des früheren Partners zu ärgern, obwohl längst weder Tisch noch Bett mit ihm geteilt wird, bedeutet ihm/ihr weiter, viel zu viel Macht einzuräumen. »Mut zur Trennung« bedeutet, die Vergangenheit versöhnlich und in Frieden ruhen zu lassen. So kann die eigene Kraft besser genutzt werden, die Gegenwart zu gestalten.

Wenn die Sprösslinge sich plötzlich um die Eltern kümmern sollen

Manche Fachleute meinen, die heutigen Kinder und Jugendlichen hätten es mit immer kindischeren Eltern zu tun, nicht zu verwechseln mit kindlich, was – im schöpferischen und mit dem Leben innig verbundenen Sinne – durchaus ein positiver Zustand sein kann. Kindische Eltern aber laufen mit kindlichen Ansprüchen herum – an ihre Partner und manches Mal sogar an die eigenen Kinder. Sie erwarten, über die Gebühr bemuttert, gesehen und umsorgt zu werden. Sie spüren das Defizit aus der eigenen Kindheit. Nur erkennen sie nicht die riesige Chance der Erwachsenen, sich selbst Fürsorge zu geben – das bewährteste Mittel, um alte Wunden heilen zu lassen. Stattdessen erwarten sie alles Glück von ihren Partnern oder sogar den eigenen Kindern. Das Familienleben gerät dadurch leicht in Schieflage. Kinder können in der Regel gar nicht anders, als das Vakuum an Verantwortung zu füllen. Sie übernehmen automatisch die Rolle der Erwachsenen und versuchen, sich um Mutter oder Vater zu kümmern. Eltern tun gut daran, ihre natürliche Rolle als Erwachsene der Familie ganz auszufüllen. Dennoch verdient ihr eigenes »inneres Kind« ein Konzept, das schon vor vielen Jahren in der Psychologie Einzug hielt, ausreichend Beachtung.

Genügend Fürsorge für das eigene »innere Kind«

- Gönnen Sie sich täglich etwas Spaß und eher »kindliche« Freuden, frei nach dem Ikea-Slogan: »Tu nicht so erwachsen« (z. B. ein Kino- oder Schwimmbadbesuch).
- Erfüllen Sie natürliche Bedürfnisse nach genügend Schlaf, Ruhepausen, gutem Essen, Bewegung. Wer das nicht macht, braucht sich nicht wundern, wenn die Laune zu wünschen übrig lässt.
- Schenken Sie sich selbst genügend Respekt, indem Sie das, was Ihnen guttut, auch realisieren und nicht immer wieder verschieben (z. B. gerne regelmäßig unter Leute zu kommen, das Gegenteil – genug Zeit allein zu verbringen oder ihre individuelle Mischung von beidem zu leben).

Selbst mit einer schmerzvollen Vergangenheit ist es möglich, seine Kinder Kinder sein zu lassen. Wenn Eltern das gelingt, haben sie auch diesen Teufelskreis zwischen den Generationen durchbrochen und für ihre Kinder den Weg in ein erfüllteres Leben geebnet. Andernfalls neigen Kinder, die in ihrer Kindheit zu erwachsen sein mussten, im Falle der Elternschaft nämlich dazu, ihre Kinder ebenfalls zu ihren Eltern machen zu wollen. Ähnliches geschieht bei Jungen und Mädchen, die in ihrer Kindheit Gewalt ausgesetzt waren und als Erwachsene ein höheres Risiko haben, ebenfalls gewalttätig zu werden.

Warum bringen Kinder so leicht Fürsorglichkeit gerade dann in eine Scheidungsfamilie, wenn die Eltern sich im Umgang miteinander im Beisein der Kinder nicht von unergiebigen Vorwürfen verschonen? Es liegt wohl daran, dass Kinder ein besonders feines Gespür für die Atmosphäre in der Familie haben und sich nach Harmonie sehnen. Es ist ihr angeborener Wunsch, Ausgleich zu schaffen. Falls Mutter und Vater nicht von allein dafür sorgen, bleibt den Kindern nichts anderes übrig, sich wie die Eltern zu verhalten. Für ihre eigene Entwicklung ist das nicht gut.

So lassen Sie Ihre Kinder Kinder bleiben

- Erzählen Sie ihnen keine Details rund um die Beziehung zu ihrem Ex-Partner.
- Besprechen Sie emotional geladene Themen nicht vor den Kindern.
- Bestätigen Sie ruhig, dass Sie gegenüber dem anderen verärgert sind, doch machen Sie deutlich, dass sich das auch wieder legen wird und vor allem nichts mit dem Kind zu tun hat.
- Weisen Sie alle Versuche von kleineren Kindern, Ihnen hilfreich zur Seite stehen zu wollen, zurück.
- Umsorgen Sie nach der Trennung Ihre Töchter und Söhne ganz besonders mütterlich/väterlich und schenken Sie Ihnen täglich genügend ungeteilte Aufmerksamkeit.
- Denken Sie daran, dass es das eigene Selbstwertgefühl stärkt, selbst in der Trennung erwachsen zu reagieren und dadurch die Kinder vor allzu früher Verantwortung zu beschützen.

Sich nicht als Opfer betrachten

Wir bekommen unsere ganz persönlichen »Entwicklungsaufgaben« so lange beharrlich auf dem Silbertablett serviert, bis wir sie nicht nur erkannt, sondern auch in die Praxis umgesetzt haben. Wer sich z.B. immer wieder zu sehr für den Partner engagiert, um sich nach einer Weile doch nur ausgenutzt zu fühlen, weil er sich selbst im Leeren und als zu ungeliebt empfindet, kann den Satz »Mein Partner nutzt mich immer aus« einfach umdrehen in »Ich lasse mich von meinem Partner immer ausnutzen«. Auf diese Weise wird die Tatsache anerkannt, dass Sie als Erwachsener Macht über Ihr eigenes Leben haben. Nur mit einem veränderten Blickwinkel können Änderungen auf den Weg gebracht werden. Auf solche Entwicklungsschritte baut auch die gegenwärtige Psychologie. Ein Umdenken von systemischen Zusammenhängen (ich betrachte mich innerhalb meines sozialen Systems – meinen Eltern und Vorfahren) wird der Blick von vielen Fachleuten wieder mehr auf die inneren Ressourcen des Einzelnen gelenkt, weil nur hier die Heilung der Trennungsschmerzen initiiert werden kann. Das hilft ungemein, sich selbst nicht mehr als Opfer zu betrachten.

So verlassen Sie Ihre Opferrolle

- Wählen Sie Ihre Sätze mit Bedacht und achten Sie auf »aktive« statt »passive« Formulierungen: Statt »Er hat mir das angetan«, betrachten Sie die Sache andersrum »Ich habe erlaubt, dass …«.
- Denken Sie daran: »Die Sprache ist der Frühling des Geistes«. Wie wir reden und denken, prägt unser inneres Leben enorm, Worte haben viel Macht über uns selbst und andere.
- Lernen Sie aus tiefstem Herzen zu verzeihen und damit den anderen in seinem eigenen Dilemma stärker wahrzunehmen. Das ist eine bewährte Methode, den »Täter« von seinem »Sockel« der Macht über Sie zu stürzen und ihn wieder als Menschen mit Stärken und Schwächen anzusehen.
- Bitten Sie den anderen um Verzeihung für Ihre Fehler. Denn bei den meisten gescheiterten Beziehungen hat es gegenseitige Verletzungen gegeben. Es ist gut, hier für sich selbst einzustehen. Was der andere damit macht, ist seine Sache.
- Ihr neues Motto: Den »Ball flach halten«. Minimieren Sie Ihre Erwartungen und geben/handeln stattdessen selbst. Das ist das geeignetste Mittel, um das eigene Leben nicht als etwas, was es zu ertragen gilt, zu erleben.
- Erstellen Sie eine Liste mit den eigenen Ressourcen und hängen Sie diese an einer sichtbaren Stelle auf. Nichts hilft besser gegen die leidliche Opferrolle, als sich auf seine Stärken zu besinnen und diese zu nutzen.

Werden Sie seelisch erwachsen

Wer sich zu sehr darauf beruft, Sohn oder Tochter einer schwierigen Kindheit oder Ex-Partner desolater Beziehungen gewesen zu sein, bleibt in der Vergangenheit gefangen. Es gibt tatsächlich auch fantastische und fröhliche Zeitgenossen, die extrem Schwieriges in ihrer Vergangenheit erleiden mussten, doch es hinter sich bringen konnten, weil sie es wollten. Der feine Unterschied zu ihnen ist, dass sie das Erlebte für ihr Wachstum als Mensch genutzt, die Verantwortung für ihr Erwachsenenleben vollständig übernommen haben und den Zustand chronischen Selbstmitleids überwunden haben.

Ziele im Alltag formulieren, um Ohnmacht zu überwinden

Etwas niederzuschreiben hilft dabei, eigene Prioritäten besser zu erkennen. »Weniger ist mehr«, kann auch für solche Aufzeichnungen gelten. Es müssen nicht längere Texte wie in einem gewöhnlichen Tagebuch sein, denn zum einen fehlt vielen im Alltag die Zeit oder Muße, zum anderen liegt manchen das Schreiben längerer Texte nicht so. Stichworte oder kurze Sätze mit dem, was gerade anvisiert wird, können umso tiefer wirken. Sie konzentrieren sich auf das Wesentliche. »Ich nehme mir mehr Zeit für mich« oder »Ich wähle meine Reden mit Bedacht und innerer Ruhe«, können helfen, die individuell wichtigen Botschaften im Unterbewusstsein zu verankern. Und vielleicht entdeckt der eine oder andere sogar die Lust am Geschichten schreiben.

Selbstmitleid zu überwinden, darauf legt auch der Psychologe Wilfried Nelles bei seinem Therapieangebot Wert und befasst sich inzwischen mit einer Methode, die sich auf das seelische Erwachsenwerden konzentriert: »Und man kann viele Male den Schmerz eines Verlustes oder kindlicher Einsamkeit oder Hilflosigkeit angesichts streitender oder sich schlagender Eltern erinnern, darüber reden oder das alles in der Therapie wiedererleben, ohne dass sich am inneren Leiden etwas ändert. Worauf es ankommt, ist, dass man erkennt, dass das alles vorbei ist. Dass es zwar einerseits zu einem gehört und weder durch Verdrängungen noch durch eine Therapie ‚weggemacht' werden kann, andererseits aber auch vorbei ist«, betont er.

Der »Trick«, wie einem das gelingen kann, sei, dass man sich nicht mehr mit dem Leiden identifiziert, sondern es von außen, als (daraus) Erwachsene betrachtet. »Alle Methoden, die einen in kindliche Erfahrungen hineinführen und diese im kindlichen Bewusstsein wiedererleben lassen, beinhalten die Gefahr, dass damit die neurotischen oder pathologischen Muster nicht nur nicht gelöst, sondern sogar verfestigt werden«, ist Nelles überzeugt. »Wenn ich 50- bis 60-jährige Frauen in den Pausen einer Therapiegruppe in rosafarbenen Trainingsanzügen mit ihren Babypuppen oder Stofftieren unterm Arm herumlaufen sehe, dann wundert es mich nicht, dass einem in dieser Szene so viele Kinder im Großmutteralter begegnen.

Solange wir meinen, die Ursachen unserer Probleme lägen im Außen, im Verhalten der anderen oder in unserer eigenen Vergangenheit, bleiben wir ohnmächtig und es ändert sich nichts.« [12]

---

12 Wilfried Nelles, »Umarme dein Leben, Wie wir seelisch erwachsen werden – der Lebensintegrationsprozess«, 2012

Essenz

- Als Erwachsene ganz und gar Verantwortung zu übernehmen heißt, eigenständig für sein Glück zu sorgen.
- »Mut zur Trennung« bedeutet, die Vergangenheit versöhnlich und in Frieden ruhen zu lassen.
- Die ewig gleichen Konflikte »serviert« uns das Leben so lange auf dem Silbertablett, bis wir erkennen, was wir selbst dazu beitragen und uns nicht mehr als Opfer betrachten.
- Die eigenen Ressourcen zu stärken hilft am besten, den Trennungsschmerz hinter sich zu lassen.
- Kinder wollen Harmonie herstellen und übernehmen automatisch zu viel Verantwortung, wenn es ihre Eltern nicht machen.

5. Sozial kompetente Trennungen

Soziale Kompetenz ist eine vielerorts gepriesene Eigenschaft, vielleicht gerade, weil es so leichtfällt, ihre unliebsamen Folgen zu erkennen, wenn sie fehlt. Menschliche Kälte bis hin zum Mobbing ereignen sich eher in den Milieus, wo es an dieser Fähigkeit mangelt.

Dieses Kapitel hilft Ihnen

- die Bedeutung emotionalen Handelns zu erkennen,
- Emotionen für sich und die Familie produktiv zu nutzen,
- den Kontakt mit anderen zu verbessern.

Ja, keiner zweifelt wohl: Wir brauchen mehr sozial kompetente Männer und Frauen in allen Altersstufen. Verstehen diese sich doch besonders gut darin, sich in eine Gemeinschaft einzubringen und zum Wohl aller zu handeln, ohne ihre eigenen Interessen dabei aus den Augen zu verlieren. Sie können sich und andere gut motivieren und bauen ihre Entscheidungen auf der eigenen Lebensklugheit auf. Emotionale Intelligenz ist untrennbar damit verknüpft. Wer seine eigene soziale Intelligenz in die Waagschale wirft, hat es mit Sicherheit leichter, jede Art von Trennung zu bewältigen.

Emotionale Intelligenz: eine wertvolle Eigenschaft

Populär wurde der Ruf nach emotionaler Intelligenz bereits in den 1990er-Jahren durch das gleichnamige Buch von Daniel Goleman. Es landete aus gutem Grund gleich auf der Bestsellerliste. Seine Emotionen stärker zu beachten und in Einklang mit seiner Ratio zu bringen, könne zu einem gesünderen und glücklicheren Leben führen, postulierte Goleman. Um sozialer Verelendung, Drogenmissbrauch oder Gewalt zu begegnen, müsse dem »emotionalen Alphabet« mehr Aufmerksamkeit geschenkt werden. »In unserem Zeitalter sind die Kräfte und Fähigkeiten des Herzens genauso lebenswichtig wie die des Kopfes«, postulierte Goleman und wurde dafür von den Medien und seinen Lesern bejubelt.

Nervenbahnen zwischen Neokortex, als Sitz des Denkens, und Mandelkern, der Basis unserer Leidenschaften, belegen, wie untrennbar verbunden Denken und Fühlen miteinander sind. Der Hirnforscher Joseph LeDoux vom Center for Neural Science der New York University entdeckte, dass der Mandelkern sogar noch vor der geistigen Erfassung eines Ereignisses reagieren kann, als eine Art psychologischer Wachposten, der jede Wahrnehmung kritisch prüft, aber nur eine Frage im Sinn hat: »Ist das etwas, was ich nicht ausstehen kann, was mich kränkt, was ich fürchte?« Falls ja, reagiert der Mandelkern augenblicklich und schickt eine Krisenbotschaft an alle Teile des Gehirns.[13] Auch unser Handeln wird dadurch beeinflusst. Allein der Verstand wurde aber seit der Industrialisierung zum Nonplusultra des modernen Lebens erklärt. Ratio und Gefühl gehören indessen zum Menschen wie die linke und die rechte Hand. »Es entspricht der Natur des menschlichen Seelenlebens, dass die Vernunft immer wieder von Leidenschaften übermannt wird.« Der Schlüssel des emotionalen Wohlbefindens liege darin, unsere bedrängenden Emotionen in Schach halten zu können. »Allerdings geht es hier um Ausgeglichenheit und nicht um Unterdrückung der Gefühle«, so Goleman. Das Konzept der emotionalen Intelligenz wurde bereits 1990 von den US-Psychologen Peter Salovay und John Mayer geprägt.

Die fünf Komponenten sozialer Intelligenz (nach Salovay und Mayer)

- Kenntnis der eigenen Emotionen. Menschen mit hohem EQ (emotionaler Quotient) nehmen ihre Gefühle gut wahr und sind sensibel für Veränderungen.
- Gute Steuerung von Gefühlen wie etwa Schwermut, Angst oder Gereiztheit (typisch in Trennungssituationen).
- Ausreichende Achtsamkeit sich selbst gegenüber.
- Produktives Nutzen von Gefühlen.
- Fähigkeit, sich selbst zu motivieren, anzugehen, was man anvisiert.

Auch über den eigenen Tellerrand zu blicken und dann im wahrsten Sinne über den eigenen Schatten zu springen, gehört zum Standardrepertoire eines emotional intelligenten Menschen. Psychologen sprechen von Empathie, also der Fähigkeit, die Emotionen anderer Menschen richtig zu erkennen und Mitgefühl zu entwickeln. Diese Haltung prägt dann auch den gekonnten Umgang mit Beziehungen, was seit Langem unter den Begriff Sozialkompetenz fällt. Gerade im Familienleben gebe es viele Entscheidungen, die ein emotionales Verstehen unabdingbar machen. Nach einer Trennung haben es Ex-Männer und -Frauen, die ihre eigene Sozialkompetenz für einen friedlichen Umgang miteinander nutzen, wesentlich leichter, wieder in ein harmonisches Leben und einen stabilen Alltag zurückzufinden.

13 Die Welt, Interview mit Daniel Goleman, »Störende Emotionen können Nervenzellen im Gehirn am Denken hindern«, 30.07.02

Gegenseitige Anteilnahme kann täglich trainiert werden

Zeigen Sie Mitgefühl und Empathie für die vielen täglichen Belange Ihrer Kinder, statt sie mit festen Vorgaben zu gängeln, wie sie sich zu verhalten haben oder wie etwas zu sein hat. Ihr Hauptjob als Mutter/Vater ist es ohnehin, Ihren Söhnen und Töchtern bedingungslose Liebe und Anerkennung zu schenken.

Beispiel 1:
Ihr Neunjähriger kommt weinend aus der Schule nach Hause, weil er von einem Klassenkameraden ständig verbal getriezt wird.

Empathie bedeutet, seine Gefühle von Kummer aufzunehmen und ihm genügend Raum dafür zu lassen, anstatt ihm sofort einen »Katalog« an Gegenmaßnahmen, was er dagegen tun könnte, aufzuzählen. Das ist eine exzellente Loslassung für Sie!

Beispiel 2:
Ein kleines Spiel, was mein Sohn und ich viele Jahre lang beim Gute-Nacht-Sagen, wenn ich an seinem Bett saß, praktiziert haben: »Was war heute gut, was war blöd?«, nannten wir es.

Jeder von uns erzählte kurz, was wir an diesem Tag als positiv und was als negativ empfunden haben. Mein Sohn bestimmte, wer anfangen durfte. »Du zuerst«, sagte er manches Mal, und ich glaube, er liebte dieses kleine Ritual.

In dieser Übung geht es wieder darum, die Erlebnisse Ihres Kindes unkommentiert stehenzulassen. Es stärkt nicht zuletzt den Nachwuchs, seiner eigenen Wahrnehmung zu vertrauen und sich zugleich verstanden zu fühlen.

Emotional intelligenter Umgang mit dem (Ex-)Partner

Wie genau lässt sich nun emotionale Intelligenz definieren? Etliche Forscher haben bereits Methoden erarbeitet, den EQ zu messen. Es gibt inzwischen sehr gute Testverfahren. Unter anderem wurde hier auch der Frage nachgegangen, ob es einen Zusammenhang zwischen der normalen und der emotionalen Intelligenz gibt. Es fanden sich tatsächlich gewisse Verbindungen des EQs mit der verbalen und der sozialen Intelligenz. Nur wer eine hohe verbale Intelligenz hat, also sprachlich fit ist, kann seine Emotionen gut einem anderen Menschen mitteilen. Dennoch scheint der Zusammenhang zwischen EQ und IQ insgesamt geringer zu sein, als manche Forscher vermutet hatten. Wohl jeder kennt Leute, deren IQ Genialität signalisiert, während die Gefühlsqualitäten eher karg ausgeprägt waren. Die mitmenschliche Dimension emotionaler Intelligenz liegt für Goleman auf der Hand. Ob wir es wollen oder nicht: Wir beeinflussen uns gegenseitig bei jeder Begegnung. Wer seine Gefühle nicht richtig auslotet und seine Launen an anderen auslässt, wird schnell zu einer emotionalen Schadstoffquelle für die Umwelt. Goleman: »Jede Interaktion sorgt dafür, dass sich Menschen besser fühlen können oder schlechter, je nach Ausstrahlung der betreffenden Person.« Emotional intelligent mit seinem Ex-Partner umzugehen, kann daher eine forschungsgeprüfte, geeignete Strategie sein, um die hohen Wogen, die nach einer Trennung der Eltern bei den meisten Familien ganz normal sind, wieder zu glätten. Kinder bringen diese Eigenschaften auf rührende Weise oft gerade dann in eine Scheidungsfamilie, wenn die Eltern sich wie Kinder aufführen und beispielsweise im Umgang mit dem Ex unergiebiges Streiten und Feindseligkeiten, ihre unreifsten Seiten an den Tag legen. Kinder leben nämlich noch so viel näher an dem so natürlichen Wunsch, auf möglichst friedvolle Weise Ausgleich zu schaffen.

Sozial intelligenter Umgang mit dem Ex-Partner

- Lassen Sie dem Ex-Partner seine eigene Version der Beziehung/Trennung.
- Tun Sie ihm/ihr immer mal wieder einen Gefallen.
- Sagen Sie ihm/ihr, wie sehr sie ihn/sie weiterhin als Elternteil schätzen.
- Sagen Sie ihm/ihr, wie gut es dem gemeinsamen Kind tut, mit ihm/ihr Zeit zu verbringen.
- Laden Sie ihn/sie ab und zu auf ein Getränk ein.

Unkontrollierte Gefühlskaskaden und emotionaler Ausnahmezustand nach Beendigung der Partnerschaft

Nach der Trennung befinden sich viele erst einmal im emotionalen Ausnahmezustand, bis hin zu Schock oder Panik. Diese führen normalerweise dazu, dass der kognitive Teil des Gehirns geblockt wird und daher eher mit weiteren, irrationalen Handlungen reagiert. Das ist die typische Negativspirale, wie sie gerade unter frisch Getrennten oft erlebt werden kann: Einer wurde verletzt und schlägt verbal zurück, obwohl er/sie im Grunde seines/ihres Herzens genau weiß, dass die Situation dadurch für alle noch vertrackter wird. »Das emotionale Gehirn ist immer wachsam«, erklärt Servan-Schreiber. Bei Gefahr setze es gewissermaßen die Ratio lahm, um seine eigene Aufmerksamkeit zu bündeln, bis wieder Entspannung eingetreten ist und die Vernunft wieder ihren gebührenden Platz findet. Das Forscherteam von Patricia Goldman-Rakic von der Universität Yale habe bewiesen, dass unter der Einwirkung von außergewöhnlichem Stress der präfrontale Kortex, der höchst entwickelte Bereich des kognitiven Gehirns, abgeschaltet wird. »Schlagartig gewinnen die Reflexe und instinktiven Verhaltensweisen die Oberhand.« Wir werden sozusagen animalisch. Das haben wohl die meisten schon mal am eigenen Leib erlebt. Die Frage ist, wie weit jeder Einzelne bereit ist, sein Beziehungsleben derart von evolutionär frühen Strukturen, wie dem Stammhirn, steuern zu lassen.

Denn wie schon mehrfach in diesem Buch erwähnt, ist keiner diesen Mechanismen hilflos ausgeliefert. Um ihre Existenz zu wissen, kann bereits ein enormer erster Schritt sein, um zu bestimmen, wie wir mit unseren Mitmenschen, inkludiert Ex-Partner, umgehen. Stellen Sie sich bewusst gegen unkontrollierte, negative Gefühlsausbrüche, tut das auch Ihren Kindern gut; und sie werden es Ihnen sicher früher oder später nachmachen. Denn sie können gar nicht anders, als sich am Verhalten ihrer Eltern zu orientieren.

Wie lassen sich diese archaischen Kaskaden ausschalten, sodass wir so handeln können, wie wir es langfristig beabsichtigen? Fachleute empfehlen, sich nicht mit den eigenen Gefühlen zu sehr zu identifizieren, was jedoch nicht gleichzusetzen ist mit einem Verdrängen der Gefühle. Wer sich nicht mit seinen Gefühlen identifiziert, betrachtet sie distanzierter von außen und räumt ihnen dennoch einen angemessenen Platz ein. Vor allem lässt er/sie nicht zu, dass sie einen zerstörerischen Einfluss auf das eigene Leben ausüben, indem sie auf Dauer den eigenen Interessen zuwiderlaufen. Gefühle lassen sich nutzen und zugleich bändigen. Ich habe einmal gelesen, dass sich zuerst der Gedanke und dann das Gefühl einstellt.

Wenn ich einen Gedanken mindestens 19 Sekunden denke, dann stellt sich ein entsprechendes freundliches oder grimmiges Gefühl ein.

Sich nicht mit Gefühlen identifizieren

- Erkennen Sie die natürlichen Ups and Downs der eigenen Emotionen als etwas vom Kern Ihrer Person Getrenntes.
- Zeichnen Sie eine Skala von 1 bis 10 über Ihre Stimmung. 1 = mies, 10 = herrlich. Eine Woche lang notieren Sie morgens, mittags und abends Ihre aktuellen »Werte«, so wie eine Wettervorhersage. Danach schauen Sie sich diese Kurven an. Wenn Sie entdecken, wie flüchtig ein Gefühl im Grunde ist, fällt es leichter, einen gewissen Abstand dazu zu erlangen, dennoch freudige Peaks zu genießen und bei den niederen Werten genau zu wissen: Es geht vorbei.
- Lassen Sie die Negativität anderer an sich vorbeiziehen, ohne es persönlich zu nehmen oder sogar darauf einzusteigen.

Keiner ist also anstrengenden Auseinandersetzungen hilflos ausgeliefert. Die Kunst ist es wohl, auch Kränkungen zu überstehen, ohne sie mit Gleichem vergelten zu wollen. Wenn ich diese Fähigkeit erlangt habe, entziehe ich anderen, besonders dem Ex-Partner, die Macht über mich, die er ansonsten ausüben würde.

Essenz

- Sozialkompetenz hilft nach einer Trennung allen, leichter in ein harmonisches Leben zurückzufinden.
- Dem Ex-Partner seine eigene Version der Beziehung zu lassen, stiftet Frieden.
- Wer seine Gefühle nicht auslotet, wird schnell zur »emotionalen Schadstoffquelle« für andere.
- Emotional intelligenter Umgang mit dem Ex-Partner glättet hohe Wogen nach der Trennung.
- Erkennen, dass emotionale Aufs und Abs vorbeiziehen, stärkt Ihre Persönlichkeit und bewahrt Sie vor Negativspiralen.

6. Vom Zuhören und selbst reden

Ohne Kommunikation läuft gar nichts. Wer sich einmal den Umfang dieser schlichten Aussage überlegt sieht, dass Austausch von Informationen – ob verbal, nonverbal oder visuell – überall vorhanden und für jegliches Leben essenziell ist.

Dieses Kapitel hilft Ihnen

- Kommunikationsstile zu erkennen,
- sich einer destruktiven Gesprächsdynamik zu entziehen,
- Giraffen-Kommunikation anzuwenden.

Sogar auf zellulärem Niveau würde unser Stoffwechsel früher oder später erliegen, wenn die biologischen Informationen in Form von biochemischen Signalmolekülen nicht an den präzisen Ort ihrer Wirkung transportiert würden und die Abfallstoffe wieder zurück – die Kommunikation der Zellen. Ebenso prägt die Art der Kommunikation jegliche menschliche Beziehung, insbesondere die von Eltern zu ihren Kindern und die eines Paares.

Keine Konflikte machen nicht zwingend glücklich

Für viele Menschen drückt sich das Ende ihrer Liebe als Mann und Frau dadurch aus, dass die Intimität zum anderen verloren ging, weil nicht mehr miteinander geredet werden konnte und stattdessen Schweigen, nur noch Alltägliches oder sogar Spitzfindigkeiten den Umgang miteinander prägten. Auch dieser zutiefst private Bereich eines Paares ist inzwischen von der Forschung beleuchtet worden. Das sogenannte »LoveLab« in Seattle hat bis in alle Einzelheiten und mit wissenschaftlich bewährtem Untersuchungsdesign ergründet, was in Männern und Frauen, die miteinander verbandelt sind, vorgeht, wenn sie streiten. Gar nicht miteinander zu streiten kennzeichne dabei nicht die besonders glücklichen Paare, betonen die Wissenschaftler. Ganz im Gegenteil: »Das Fehlen von Konflikten ist eher ein Zeichen für eine emotionale Distanz, die eine echte Beziehung ausschließt. Professor Gottman, Leiter dieser Untersuchung, entwickelte die These, dass er nur ca. fünf Minuten eines Streits zwischen einem Paar erleben müsse, um mit 90-prozentiger Wahrscheinlichkeit voraussagen zu können, ob diese Beziehung bestehen bleiben oder in spätestens ein paar Jahren geschieden werden würde. Seine Aussage treffe sogar für Neuvermählte zu. Mithilfe einer Kamera registrierte er jede noch so winzige Regung und Veränderung der Gesichtsmuskeln und analysierte sämtliche Interaktionen zwischen dem Paar mit Themen rund um das geballte Paket ehelichen Zusammenlebens – Hausarbeit, Erziehung, Finanzen, Schwiegereltern, Alkohol, Rauchen usw. Gottmann, Chef des Love Labs, erkannte bereits nach wenigen Worten eines streitenden Paars am Stil dieser Auseinandersetzung, welche Spuren im Gehirn die Worte des anderen hinterlassen würden. Selbst bei kleinsten Anzeichen von Missachtung oder gar Verachtung zeigten sich ein Blutdruckanstieg und ein Zunehmen anderer Stressoren im Organismus. Das auf diese Weise gepiesackte, emotionale Gehirn setzt, derart angefeuert, seinen kognitiven Teil vorübergehend schachmatt. Die Wahrscheinlichkeit beim Gegenüber, sehr emotional zu reagieren und verbal dem anderen ebenfalls den Respekt zu entziehen wird schon aus hirnphysiologischen Gründen ziemlich wahrscheinlich. Eine Kaskade von Gemeinheiten, offen oder subtil, die bei beiden Partnern wie ein krasser Energieräuber wirken, ist eine bekannte Folge. »Nichts beeinflusst unser emotionales Gehirn und unsere Körperfunktionen so sehr, als wenn wir uns emotional den Menschen fern fühlen, mit denen wir am engsten verbunden sind«, hat auch der inzwischen verstorbene Neurologe und Psychiater David Servan-Schreiber herausgefunden. Er forderte daher einen neuen Umgang mit unseren Emotionen und im Umgang miteinander.[14]

So bitte nicht! Die vier »apokalyptischen Reiter« der Kommunikation

- Kritik – wenn ich dem anderen ein Verhalten, nur weil es mir nicht gefällt, als persönliches Versagen ankreide, ganz nach dem Motto: »Du hast schon wieder dein Versprechen nicht gehalten.«
- Verachtung bis hin zum Sarkasmus.
- Gegenangriff.
- Totaler Rückzug.

Empfohlene Reaktion:

- Sachlich erklären, wie sich die Streitpunkte aus der eigenen Sicht darstellen, sich den »Gegenangriff« verkneifen und auf gar keinen Fall provozieren lassen, weil das nur »Öl ins Feuer« gießen würde. Beim totalen Rückzug hilft es, den anderen gehen zu lassen und besser auf einen günstigeren Zeitpunkt zu warten. Wer das schafft, wird auch oft erleben, dass der andere von allein wieder an das abgebrochene Gespräch anknüpft.

(nach Professor Gottman)

---

14 David Servan-Schreiber, »Die Neue Medizin der Emotionen, Stress, Angst, Depression: Gesund werden ohne Medikamente, 2006

Apokalyptische Reiter zerstören Beziehungen

Gottmann fand bei seinen umfassenden Untersuchungen rund um die apokalyptischen Reiter heraus, dass sie jede intime Beziehung zerstören. Es helfe, statt vernichtende Kritik am anderen zu üben, in »Ich-Botschaften« zu sprechen: »Wenn du nicht unseren Küchenschrank reparierst, wie du es versprochen hast, fühle ich mich von dir nicht ernst genommen«, hat demnach wesentlich größere Aussichten, vom Gegenüber aufgenommen und verstanden zu werden, als der Vorwurf »Nie hältst du das, was du versprichst«.

Gottmanns Ergebnisse lassen sich übrigens ebenso gut auf andere Streithähne – Vorgesetzte, Eltern, Nachbarn – übertragen. Besonders schwierig für das limbische System, dem für Gefühle verantwortlichen Teil unseres Gehirns, sei laut Gottmann die Verachtung, die sich manchmal auch als Sarkasmus zeigen könne und im Grunde als Beleidigung daherkommt. Der Partner vernimmt den Untertext: »Du bist ein Idiot.« Selbst ohne Worte kann Verachtung bereits durch einen entsprechenden Gesichtsausdruck sein Gegenüber tief treffen, fand Gottman heraus, wenn etwa die Augen gerollt oder die Mundwinkel verzogen werden.

Totaler Rückzug wirkt ebenfalls fatal auf das Paarleben. Selbst wenn der viel zitierte »Fight and flight«-Mechanismus, bereits in den 1930er-Jahren von Walter B. Canon erforscht, ein genetisch eingeschriebenes Verhalten unseres Stammhirns ist, kann es eine Partnerschaft rascher in die Sackgasse führen, als es dem Paar eigentlich lieb ist. Zurückschlagen, der Gegenangriff, ist letztendlich nichts anderes als Krieg im Kleinen, was der Film »Rosenkrieg« vor Jahren einem breiten Kinopublikum so erschreckend deutlich gemacht hat. Sich komplett zu entziehen, sieht Servan-Schreiber als eine besondere »Spezialität der Männer, die Frauen ganz besonders in Rage bringen«. (…) Den Partner macht es wütend, dass er einfach ignoriert wird, er spricht lauter und heftiger und manchmal schreit er. Der Teufelskreis als Spirale verbaler und im schlimmsten Fall sogar körperlicher Gewalt entfaltet sich meist in erschreckend rasantem Tempo – das Ende einer Beziehung zeichnet sich am Horizont ab.

Die Gründe werden von Forschern als im Gehirn aktivierte, unerträgliche Empfindungen definiert. Die Schäden, die diese apokalyptischen Reiter beim Partner anrichten, ereignen sich so tief im emotionalen Teil des Hirnstoffwechsels des anderen, dass das so begehrte Gefühl von Liebe und Zuneigung zu produzieren dort kaum mehr möglich ist.

Der Kommunikationssackgasse entkommen

Gewaltfreie Kommunikation, wie sie u.a. der Psychologe Marshall Rosenberg entwickelte, ist hingegen ein erprobtes Mittel, sich einer solchen destruktiven Dynamik zu entziehen. Alle Menschen handeln und sprechen mit dem gleichen Ziel, nämlich ihre Bedürfnisse zu befriedigen. Damit dies für alle Gesprächsbeteiligten glückt, schuf Rosenberg die sogenannte Giraffenkommunikation. Sie baut auf vier Eckpfeiler[15]:

Giraffenkommunikation

1. Höre dem anderen ohne Kritik oder Urteil zu.
2. Spüre die Gefühle, die spezielle Fakten, die gesagt werden, bei Dir auslösen.
3. Höre auf die Bedürfnisse des anderen, wenn er etwas sagt.
4. Bitte um das, was das Leben angenehmer macht, genau jetzt.

Schlüssel zur emotionalen Kommunikation

Von gewaltfreier Kommunikation profitieren ganz besonders die Kinder. Müssen sie hingegen immer wieder Zeugen heftiger Auseinandersetzungen ihrer Eltern werden, hinterlässt das in ihnen noch tiefere Wunden und Verunsicherungen menschlichen Beziehungen gegenüber, als dies bei ihren erwachsenen, streitenden Müttern und Vätern geschieht. Es gilt eine – im Grunde leicht nachvollziehbare – Faustregel, was die gewaltfreie Kommunikation ausmacht: Anstatt das Gegenüber mit einem negativen Werturteil, also Kritik, zu etikettieren, lässt sich der Stein des Anstoßes besser als objektive Beobachtung präsentieren. Anstatt zu sagen: »Du hast mal wieder deine Unzuverlässigkeit bewiesen und Malte zu spät vom Kindergarten abgeholt«, lautet die Zauberformel des gelungenen Streitgesprächs: »Ich glaube, es ist nicht gut für Malte, wenn er so oft als Letzter abgeholt wird.« Auch David Servan-Schreiber beschrieb eine solche Form des Austauschs miteinander als Erfolg versprechender, um eine Botschaft zu vermitteln, die den anderen erreichen soll: »Je objektiver und präziser wir uns ausdrücken, desto eher wird der andere unsere Worte als einen legitimen Kommunikationsversuch aufnehmen und nicht als potenzielle Kritik. Je mehr ich mich ganz und gar auf meine eigenen Gefühle konzentriere, wenn ich meinem Partner oder einem anderen nahen Menschen etwas zu sagen habe, umso konstruktiver wird das Gespräch aller Voraussicht nach verlaufen. »Das ist der Schlüssel zur emotionalen Kommunikation«, war Servan-Schreiber überzeugt.

15 Katrine Aspaas, »Raushetens tid«, 2012

Gewalt wird heutzutage von Experten nicht nur als körperlicher Angriff interpretiert. Sie kann sich – gerade nach einer Trennung – auch auf subtilere Weise äußern und Menschen auf diese Weise den Respekt entziehen – was stets Spuren hinterlässt.

Was genau ist Gewalt?

- Macht, Befugnis, das Recht und die Mittel, über jemanden/etwas zu bestimmen, zu herrschen;
- unrechtmäßiges Vorgehen, wodurch jemand zu etwas gezwungen wird.
- gegen jemanden/etwas rücksichtslos angewendete, physische oder psychische Kraft, mit der etwas erreicht wird.

(Quelle: Duden, online)

Sich in die Lage des anderen hineinversetzen

Auseinandersetzungen mit dem Ex-Partner können am besten dadurch entschärft werden, nicht über den anderen siegen zu wollen. Das gelingt zum Beispiel dadurch, auch einmal eigene Schwächen zuzugeben. Aller Erfahrung nach entwaffnet eine solche Offenheit den anderen und bringt Streit sogleich auf eine andere Stufe. Gerade für die emotional mehr als in normalen Zeiten aufgeheizte Kommunikation nach der Trennung empfiehlt sich die beschriebene gewaltfreie Kommunikation. Gelungene Kommunikation weist stets auch eine wesentliche nonverbale, intuitive Komponente auf.

Auch die Prozesse im Gehirn, die es ermöglichen, sich in die Lage des anderen hineinzuversetzen, sind längst Gegenstand der Forschung. Die Rede ist von den sogenannten Spiegelneuronen als wichtige Voraussetzung, um sich in den anderen hineinversetzen zu können. »Resonanzphänomene, wie die Übertragung von Gefühlen oder körperlichen Gesten, spielen nicht nur im privaten Umgang eine Rolle«, betont Professor Dr. Joachim Bauer. Von seinen Untersuchungen weiß er, dass viele eher auf die reine Vernunft vertrauen wollen und diesen Seiten menschlichen Austauschs eher mit Argwohn gegenüberstehen:[16]

»Obwohl sie für unser Erleben und Zusammenleben eine kaum zu übersehende Bedeutung haben, bleibt vielen Zeitgenossen – obwohl längst von der Forschung bestätigt – diese Art von Gleichklang suspekt.«

---

16 Joachim Bauer, »Warum ich fühle, was du fühlst, Intuitive Kommunikation und das Geheimnis der Spiegelneurone

Handelt es sich hier nicht um Einbildung, um Esoterik, jedenfalls um unwissenschaftliche Phänomene? »Nein«, sagt Bauer mit Nachdruck. »Mit der Entdeckung der Spiegelnervenzellen wurde es mit einem Mal möglich, sie neurobiologisch zu verstehen.« Auch zeige sich, dass in der Medizin Spiegelung und Resonanz eines der wirksamsten Mittel der Heilung sind und in der Psychotherapie eine wesentliche Basis für den therapeutischen Prozess. Alle menschlichen Qualitäten, die wir uns gerade von uns nahen Menschen so sehr wünschen, wie Vertrauen und Verständnis, basieren auf Spiegelneuronen. Ohne diesen Typ Nervenzellen könnten wir auch niemals unausgesprochene Dissonanzen in einer Partnerschaft spüren.

Wie versetze ich mich in den anderen hinein?
Bei den Indianern soll es geheißen haben, man müsse in den Mokassins eines anderen eine Weile gegangen sein, um ihn zu verstehen. Einen anderen Menschen verstehen heißt vor allem aufzuhören, sich selbst und seine Standpunkte als das Maß aller Dinge zu betrachten. Praktisch bedeutet das, nicht mehr in Kategorien wie »wahr« – »falsch«, sondern eher »Seine Sicht der Dinge« – »Meine Sicht der Dinge« zu kommunizieren.

Der Sicht des anderen kann man sich zum Beispiel durch Fragen nähern, auf die man entweder selbst versucht Antworten zu finden, oder einfach mal nachfragt:

- Warum greift er/sie mich verbal an, wenn es um die Ferien mit dem Nachwuchs geht? (Womöglich, weil er große Angst hat, durch die Trennung den Kontakt zum Kind zu verlieren?)
- Wie hat sich die Trennung wohl für den anderen abgespielt? Schreiben Sie ein paar Punkte dazu und wehren Sie sich nicht gegen mögliches Mitgefühl ... Das ist der Sinn der Sache, denn, wer Mitgefühl hat, kann niemals Krieg führen.
- Bevor Sie dem anderen Ihre Vorstellung seiner Elternrolle immer wieder unter die Nase reiben, drehen Sie die Sache doch mal um: Finden Sie heraus, was für den anderen als Vater/Mutter im Umgang mit seinem Kind nach der Trennung besonders wichtig ist.

(Wenn Ihnen diese Art der Anteilnahme übertrieben erscheint – Ihr Kind wird es Ihnen eines Tages danken.)

Empathie aus Sicht der Wissenschaft

Spiegelneurone heißen auch Simulations- oder Empathieneuronen. Durch ihr Vorhandensein in unserem Gehirn sind wir in der Lage, dort identische Reizleitungen auszulösen, als erlebten wir das, was wir beim Gegenüber sehen, selbst aktiv. Dieser Spiegeleffekt zeigt sich nicht nur bei Handlungen, sondern ebenso bei Emotionen. Typisches Ergebnis aktivierter Spiegelneuronen ist zum Beispiel das unwillkürliche Öffnen des Mundes von Mutter oder Vater, während sie ihr Kleinkind füttern. Es wird heutzutage davon ausgegangen, dass es sich bei den Spiegelneuronen um ein komplexes System, lokalisiert in verschiedenen Arealen des Hirns, etwa dem sogenannten Broca-Zentrum, dem Sitz der Sprache, handelt. Das Team rund um den Italiener Giacorno Rizzolatti bewies 1995 als erstes in einem Tierversuch ihre Existenz. Der Hirnforscher Greg Stephens und sein Team erforschten mithilfe eines funktionellen MRT, was während eines Gesprächs genau im Zuhörer vorgeht.

Während der Erzählende eine Begebenheit aus seinem Leben berichtete, untersuchte Stephens Team, was im Hirn des Gegenübers vor sich ging. Die Ergebnisse verblüfften durch Übereinstimmung in der Aktivierung von Sprach- und Hörzentrum sowie anderer essenzieller, kognitiver Hirnschichten. Beim Zuhörer geschah dies leicht verzögert, jedoch früher, als dass die Rede des anderen schon hätte aufgenommen sein können. Die Wissenschaftler kamen zu dem Schluss, dass es sich um eine Art »Frühwarnsystem« handelte, um auf die erwartete Information vorzubereiten. Besondere Kopplungen zeigten sich in den Hirnbereichen, in denen es um Sozialkompetenz und die emotionale Verfassung des Gesprächspartners geht. In emotional unstabilen Übergangsphasen von einer Lebensphase in eine andere kann es nützlich sein, sich dieses Faktum immer wieder vor Augen zu führen und durch das eigene Verhalten eine Eskalation von Streitigkeiten, und – um mit Professor Bauers Worten zu sprechen – die allein durch die Spiegelneuronen ausgelöste »emotionale Ansteckung« zum Guten zu wenden.

»Phänomene der Gefühlsübertragung sind uns derart vertraut, dass wir sie als selbstverständlich voraussetzen. Wir stutzen erst dann, wenn sie uns dadurch auffallen, wenn sie beispielsweise bei einem Menschen ohne Anteilnahme plötzlich ausbleiben. Wir reagieren normalerweise selbst wie unter Schmerz, wenn wir den Schmerz einer anderen Person miterleben«, sagt Bauer. »Menschen leben in einem gemeinsamen, zwischenmenschlichen Bedeutungsraum, der es uns ermöglicht, die Gefühle, Handlungen und Absichten anderer intuitiv zu verstehen. (…) Allerdings kann der analytische Verstand auch hinderlich dabei sein, den eigenen Weg zu erkennen. Beides, Gefühl und Intellekt, kann uns in die

Irre führen, wenn wir das eine ohne das andere benutzen. Keine rationale Analyse macht es jedoch möglich, einen anderen Menschen empathisch, also aus dem anteilnehmenden Gefühl heraus, zu verstehen. Das Vermögen, Vorstellungen und vertrauensbildende Gewissheiten über die Gefühle und Absichten eines anderen Menschen zu gewinnen, bezeichnen Fachleute heute als die Fähigkeit zur »Theory of Mind (TOM)«. [17]

Essenz

- Allein der Kommunikationsstil zeigt Forschern, ob eine Beziehung aller Wahrscheinlichkeit nach hält oder nicht.
- »Kritik, Verachtung, Gegenangriff, Rückzug« heißen die apokalyptischen Reiter im Gespräch eines Paares, die Liebe unmöglich machen.
- »Ich-Botschaften« vermitteln dem anderen leichter, was Sie sich wünschen und haben größere Chancen, gehört zu werden.
- Konstruktive Kommunikation baut darauf auf, den anderen und seine Belange genauso anzuerkennen, wie man es sich für sich selbst wünscht.
- Spiegelneurone im Gehirn verleihen uns die Gabe, uns in andere hineinzuversetzen.

17 Joachim Bauer »Warum ich fühle, was du fühlst« Hoffmann und Campe, 2005, S. 15 ff

7. Vom Segen der Beherztheit

Das Herz ist unser wichtigster Muskel und ein faszinierender noch dazu. Unsere Sprache ist voller Redewendungen rund um dieses innere Organ – »sich ein Herz fassen«, »beherzt sein«, »ein Stein vom Herzen gefallen«, »herzallerliebst« und nicht zu vergessen »sein Herz verlieren«. Gerade wenn es darum geht, zu Beginn einer neuen Lebensphase seinen Mut zu sammeln, sind diese Herzqualitäten besonders gefragt.

Dieses Kapitel hilft Ihnen

- mehr aus dem Herzen heraus zu leben,
- die eigene Sensitivität zu trainieren,
- sogar traumatischen Trennungsschmerz zu überwinden.

Auch Wilfried Nelles (siehe Interview Seite 129ff) stellt in seinen Paarberatungen immer wieder fest, wie sehr Männer und Frauen in unserem Kulturkreis dazu neigen, nur »im Kopf« zu sein, was bedeutet, lediglich rationalen Erwägungen zu folgen. Darauf baut im Grunde das gesamte öffentliche Leben unseres Kulturkreises auf. In Wirklichkeit ist es viel zu wenig, denn Menschsein bedeutet so viel mehr. Interessant ist es, dass sich humane Werte, wenn wir unsere Herzensqualitäten voll nutzen, ganz von allein ergeben: Verbundenheit mit anderen, Wohlwollen, Vertrauen – nach all dem sehnt sich wohl jeder Mensch von ganzem Herzen.

Mehr alltägliche Herzlichkeit

Auf sein Herz zu hören bedeutet beileibe nicht, dem Verstand und dem Nutzen seines Einsatzes abzuschwören, es bedeutet vielmehr, sein Herz jeden Tag wieder anderen gegenüber zu öffnen und in alle Begegnungen miteinzubeziehen. Sein Rhythmus hält uns am Leben und das nicht nur biologisch. Die Psychosomatik kennt seit Langem diese Zusammenhänge zwischen Körper, Seele und Geist und auch unter Schulmedizinern etabliert sich mehr und mehr die Überzeugung, wie wichtig das viel zitierte »frohe Herz« langfristig für die Gesundheit ist. Oft habe ich Männer und Frauen sagen hören, wenn es um derartige Herzensangelegenheiten geht, dass dies ja alles schön und gut sei, doch leider naiv und eher unrealistisch. Wenn die Welt da draußen auch so wäre – ja, dann wäre man selbstverständlich gerne selbst mit dabei und würde das eigene Herz weiter öffnen. Dies halte ich für eine mehr oder weniger kindliche Einstellung, die nicht volle Verantwortung für das eigene Leben übernehmen will, sondern die Gründe aller Miseren im Außen und den anderen sieht. Die eigene Rolle und die Kompetenz, sein Leben und das der anderen positiv zu berühren und zu gestalten, werden dabei unterschätzt. Die Welt lässt sich letztendlich gar nicht fest bestimmen, hinsichtlich der Frage, ob sie gut oder schlecht sei. Sie ist alles gleichzeitig: inspirierend und furchteinflößend, vertrauenserweckend und abscheulich, leuchtend und zappenduster. Das Mystische am Leben ist ja gerade diese Ambivalenz.

Checkliste für mehr Herzlichkeit im Alltag

- Nehmen Sie sich mehr Zeit für andere im Alltag (beim Bäcker, im Wartezimmer) und wechseln beispielsweise ein paar Worte mit Fremden. »Small Talk« kann Brücken bauen und sorgt dafür, dass einem plötzlich überall mehr Freundlichkeit begegnet. Das eigene Stimmungsbarometer klettert nach oben.
- Zeigen Sie gegebenenfalls ruhig ihre Verletzlichkeit oder Unsicherheit, das macht es dem anderen leichter, sich ebenfalls menschlicher zu verhalten.
- Lassen Sie sich öfter mal, zusammen mit den Kindern, von besonders berührenden Filmen in eine andere Welt entführen, zum Beispiel »Wie im Himmel« von Kay Pollak.
- Hören Sie täglich gefühlvolle Musik, wer es mag, zum Beispiel Opernarien. Ansonsten gibt es genug Popmusik, die direkt aus dem Herzen kommt, zum Beispiel von Lionel Ritchie.
- Besuchen Sie doch mal ein Lachseminar. Adressen in Ihrer Gegend finden Sie bestimmt im Internet.

Mehr aus dem Herzen zu leben und die Fähigkeit zu lachen sind eng miteinander verbunden. »Dennoch verlieren die meisten Menschen im Laufe ihres Lebens die Lust am Lachen. Kinder, so haben Studien gezeigt, kugeln sich bis zu 400-mal täglich; Erwachsene dagegen kommen im Schnitt gerade mal auf 15 Lacher, was viele sogar als unseriös und peinlich empfinden.«[18]

18 Frankfurter Allgemeine Zeitung, 03.04.2006, »Hoho, hahaha! Brüllt die Gruppe und klatscht wild.«

Was wir ausstrahlen, kehrt zu uns zurück

Während einer Trennung kann es aufmunternd sein, sich selbst mit mehr Humor zu betrachten und das Lachen nach der Trauer nicht zu vergessen. Auch der gemeinsamen Erziehung kann das einen gehörigen Schuss Leichtigkeit verleihen. Kinder lachen meist schon nach kurzer Zeit wieder herzlich, nachdem sie ihren Kummer ausgedrückt haben. Schon ein einfaches Lächeln, der vielleicht wirkungsvollste »Besänftiger des Miteinanders«, ist tatsächlich auch aus Sicht von Hirnforschern unwiderstehlich. Das bewies bereits der schwedische Wissenschaftler Ulf Dimberg in einem spannenden Versuch: Testpersonen bekamen via Monitor immer wieder lächelnde Menschen vor Augen geführt. Die Probanden wurden gebeten, keinerlei Miene zu verziehen. Die gezeigten Porträts verschiedener Gesichter mit variierten Ausdrücken währten jeweils nur 500 Millisekunden. War der Gesichtsausdruck der abgebildeten Personen neutral, gab es für die Versuchspersonen kein Problem, sich physiognomisch nicht zu rühren. Gab es ein Lächeln zu sehen, konnte Dimberg jedoch stets mit seinen haarfeinen Instrumenten mindestens den Anflug eines Lächelns ermitteln.

Es bleibt unsere sehr persönliche Wahl, für welche »Spur« wir uns entscheiden, ob wir bereit sind, nicht alles immer allzu »bierernst« zu sehen, es einfach wagen, mehr aus dem Herzen zu leben und uns verletzlicher zu zeigen. Wenn wir das tun, geschehen plötzlich lauter »kleine Wunder«, die eigentlich gar keine sind – und das sogar mitten im Alltag: Plötzlich laufen wir ausgesprochen sympathischen Zeitgenossen über den Weg oder erhalten neue, wesentlich entspanntere Aufgaben im Job und der begehrte »Flow« – ein Gefühl von Einklang mit dem eigenen Leben – stellt sich ein. All das hat definitiv etwas mit den physikalischen Gesetzen von Anziehung und Resonanz zu tun. Was wir ausstrahlen, kehrt früher oder später zu uns zurück. Davon erzählt bereits uraltes Volkswissen, z. B. mit Sprichworten wie »Wie man in den Wald hineinruft, so schallt es heraus«, oder die viel zitierte Self-fullfilling-prophecy. Sogar einige Bibelsprüche zielen darauf ab: »Geben ist seliger denn Nehmen« etwa, meint für mich keine Selbstaufopferung, sondern die Tatsache, dass jeder, der mit Blick und Fürsorge für die anderen lebt, Gleiches zurückerhalten wird, wenn auch nicht zwingend von den gleichen Personen. Es lohnt sich also, selbst mit seinem Ex-Partner genauso umzugehen, wie man selbst am liebsten hätte, dass er/sie es umgekehrt macht. »Be yourself, what you want to see in the world!« (Albert Einstein) – »Sei selbst, was du in der Welt sehen möchtest!« kursiert seit Langem als ein populäres Facebook-Posting durchs World Wide Web und wird von vielen mit »Gefällt mir« bewertet.

Zu viel Coolness macht krank

Warum also ist das Wort »cool«/«kalt« in ganz Europa zum Modewort geworden, wenn es um anerkennenden Zuspruch für etwas geht? Es zeigt wohl wie angesagt es vielerorts noch ist, sich möglichst anderen gegenüber hinter einer Maske von »Coolness« zu verschanzen, das Herz zu verschließen. So wächst die Gefahr, andere für das, was schief läuft, verantwortlich zu machen, anstatt mit allen Sinnen und Emotionen an der Fülle des Lebens teilzunehmen. Auf Dauer kann zu viel »Coolness«, »Kühle«, nur krank machen, sagen inzwischen auch die Schulmediziner. Wenn ein Paar zu ihm in die Therapie kommt, fragt Wilfried Nelles beide als Erstes »Liebst du ihn/sie?« Und damit meint er die Liebe zwischen Mann und Frau, die – wenn sie wirklich vorhanden ist – fast alles tragen kann. »Weiß nicht«, sei so eine Standardantwort. Nelles ist überzeugt, dass diese Antwort nur diejenigen geben können, die zu sehr »im Kopf sind«. »Wer sein Herz fragt, wird immer eine aufrichtige Antwort bekommen«, so Nelles.

Wer nicht ausreichend auf sein Herz hört oder nach einer Trennung dem anderen nicht vergeben mag, bei dem steigt das Risiko, am Herzen zu erkranken. Die bei Kardiologen als Typ-A bekannte Patientengruppe neigt zu Ärger und Aggressivität und hat vermutlich ein höheres Risiko, am Herz-Kreislauf-System zu erkranken.

Das gebrochene Herz oder Tako-Tsubo-Tintenfischfalle

Inzwischen befasst sich die medizinische Forschung sogar mit einem Phänomen, welches viele wohl ansonsten eher schmalzigen Liebesromanen zuordnen würden – dem gebrochenen Herzen. Die Ergebnisse bestätigen mal wieder, was jeder, der die Herzenssprache ernst nimmt, immer schon wusste: Wer sein Herz zu sehr emotionalem Stress aussetzt, erkrankt daran. »Broken-Heart-Syndrom« heißt die Diagnose, die – wie die Forschung bestätigt – von chronischer, emotionaler Belastung herrührt, wie sie für viele Männer und Frauen nach einer Trennung typisch ist. Die Symptome ähneln in ihrer akuten Symptomatik dem Herzinfarkt, mit Brustkorbenge, starker Luftnot und stechenden Schmerzen in der Herzgegend. Ebenso ist die Blutzirkulation im Herzen gedrosselt, allerdings nicht aufgrund verstopfter Herzkranzgefäße. Anders als beim Herzinfarkt ist das »Broken-Heart-Syndrom« sehr selten tödlich. Wohl tötet es allerdings Lebensqualität und ein befriedigendes Zusammensein mit anderen. Tatsächlich zeigte sich, dass beim »Broken-Heart-Syndrom« die Herzkranzgefäße lediglich aufgrund einer Überdosis Adrenalin, dem Stresshormon schlechthin, verengt waren. Es wird normalerweise bei emotional stark belastenden Ereignissen ausgeschüttet und führt zu einer Aktivierung des Stoffwechsels, damit der Mensch besonders schnell reagieren kann – ein Überlebensprogramm, das in der Evolution nützlicher war als im heute meist üblichen Büroalltag. Kurzfristig ist dies sehr sinnvoll, nicht aber langfristig, wenn es aufgrund von chronischem Stress, zu dem für nicht wenige die Trennung vom Partner wird, zu einer Überflutung des Organismus mit Adrenalin kommt. Nach neuesten Erkenntnissen ist die Sterblichkeitsrate des »Broken-Heart-Syndroms« mit ca. 3,2 Prozent relativ gering.[19]

Mediziner nennen die Krankheit auch Stresskardiomyopathie oder Tako-Tsubo-Tintenfischfalle. Diesen Namen erfanden japanische Wissenschaftler, die vor rund 20 Jahren die Erkrankung entdeckten, da die linke Herzkammer unter derartig dauerhaftem Stress einem runden Krug mit kurzem Hals, der in Japan üblichen Tintenfischfalle, ähnelt.

Das Herz als zweites Gehirn

Der leider früh verstorbene Psychiater und Neurowissenschaftler David Servan-Schreiber forderte in seinen Büchern ebenfalls einen neuen Umgang mit dem Herzen und unseren Gefühlen. Er sprach sich dabei insbesondere für die Harmonie zwischen Herz und Hirn aus. Da sich Gefühle stets im Körperlichen äußern, bekommt man auch nur über den Körper Zugang zu ihnen: Der Kloß im Magen, Druck hinter der Stirn oder die kalten Füße lassen sich, wer seine Aufmerksamkeit in die tiefe Weisheit des Physischen lenkt, immer in einem Gemütszustand verankert finden, dem nicht ausreichend Beachtung geschenkt wurde. Sich seiner eigenen Sensitivität wieder mehr zu nähern, lässt sich sehr gut trainieren, genauso wie unsere Muskeln.

Bilder, Klänge, Farben, Düfte und Stoffe senden unseren Sinnen das, was sie brauchen, um sich zu entfalten. Oft eilen wir an ihnen vorbei, ohne diese Botschaften an uns heranzulassen. Bei der Reizüberflutung, etwa in einer Stadt wie Berlin oder Frankfurt, ist das zunächst ein natürlicher Schutzmechanismus. Sinne wollen dennoch weiter »gestreichelt« werden. Sich wechselweise einmal in selbst gewählter Ruhe den Sinnen Sehen, Hören, Riechen und Fühlen zu widmen, öffnet Wege zur Entspannung und macht zufriedener. Denn wir sind nun mal als sinnliche Wesen geboren und leiden, wenn wir sie allzu stumpf werden lassen. Diese körperliche Intelligenz lässt sich jedoch auch wieder wecken.

19 Der Spiegel, Seele und Herz, »Die Tintenfischfalle«

Die eigene Sensitivität schulen

Schenken Sie Ihrem Körper jeden Tag ca. 15 Minuten besondere Beachtung:

- Reisen Sie gedanklich von den Zehenspitzen bis zum Scheitel.
- Wo fühlt sich etwas unbehaglich, verspannt oder sogar schmerzend an?
- Bleiben Sie an dieser Stelle? Woran liegt das und was könnte dahinterstecken?
- Nehmen Sie alle Empfindungen – Frustration, Ärger, Traurigkeit – genau zur Kenntnis.
- Wo genau rühren sie her?
- Was könnte in der ursächlichen Situation Abhilfe schaffen?
- Gehen Sie mutig davon aus, dass sie das Problem lösen können.

Ein Beispiel: Sie bemerken einen sehr unangenehmen Druck im Magen. Die Ursache wird Ihnen klar: Sie haben sich noch nicht getraut, mit dem Ex-Partner die Verteilung der Ferientage mit dem Kind zu besprechen, weil das bisher meist Streit gegeben hat. Ihr Magen »weiß«, dass dies überfällig ist. Setzen Sie nun einen Zeitpunkt, wo Sie die Sache hinter sich bringen. Notieren Sie sich das Datum und Ihre Argumente. Versichern Sie sich ebenfalls schriftlich, dass Sie – komme, was da wolle – in Ihrer Ruhe bleiben werden, wenn Sie darüber reden.

Schon 1890 soll der Harvard Professor William James, laut Servan-Schreiber »Vater der amerikanischen Psychologie«, festgestellt haben, dass ein Gefühl vor allem ein körperlicher Zustand sei In neuerer Zeit wurde sogar bewiesen, dass das Herz als eine Art zweites Gehirn bezeichnet werden kann. Es ist in der Lage, verschiedene Hormone zu produzieren, wie etwa Adrenalin und Noradrenalin, die sich u.a. auf den Blutdruck auswirken. Zudem synthetisiert es auch das in jüngster Zeit zum Modehormon avancierte Oxytozin. Es wurde auch unter dem Namen »Liebeshormon« bekannt, spielt eine Rolle, wenn Mütter ihre Kinder stillen und ist eng mit wohligen Empfindungen verknüpft. Das Nervensystem des Herzens bildet mit rund 40.000 Neuronen ein zum Teil eigenständiges Netzwerk. Sie stehen unter anderem in engem Austausch mit der sogenannten Amygdala, dem Mandelkern im limbischen System. Es ist der stammesgeschichtlich ältere Teil unseres Gehirns und Sitz für Instinkte und Emotionen, wie Freude, Angst usw.

© tan4ikk - Fotolia.com

Schreiber vergleicht die beiden Hauptnervenstränge des Herzens mit den Namen »Sympathikus« und »Parasympathikus« mit Gaspedal und Bremse. Der Sympathikus steuert Flucht- und Kampfreaktionen durch die Ausschüttung von Adrenalin, der Parasympathikus als sein Gegenspieler verlangsamt diese Prozesse. Die Ausgeglichenheit dieser beiden biologischen Schaltkreise ist von essenzieller Bedeutung für die psychische und physische Gesundheit. Der Organismus der Gattung Mensch und anderer Säugetiere verfügt über diese einzigartige Waage der Balance, solange wir nicht diese Kopplung außer Betrieb setzen, indem wir Ärger und Frustration zu viel Raum geben. Das Herz ist jedenfalls auch auf der organischen Ebene ein höchst feinfühliges »Sinnesorgan«. Ihm Aufmerksamkeit zu schenken, verbessert alle Beziehungen und nicht zuletzt die Gesundheit.

Skandinavische Herzlichkeit

Hier in Norwegen, meiner selbst gewählten Heimat, scheint eine solche Herzenshaltung den Menschen näher zu sein, wenn sie ihr Herz im Alltag auch nicht unbedingt »auf der Zunge tragen.« Das haben sie kürzlich der ganzen Welt so eindrucksvoll bewiesen, als am 22.07.2011 der Terror das Land in den Ausnahmezustand versetzte, durch die brutalen Anschläge im Regierungsviertel und auf Utøya, dem skandinavischen Sommeridyll, auf dem sich rund 600 junge Norweger unbewacht befanden. 77 Menschen wurden aus ihren überwiegend noch jungen Leben gerissen. Und die ganze Welt staunte, als sich spontan in ganz Norwegen Menschen gegen Hass und Vergeltung entschieden und sich nur mit einer Rose in der Hand, drei Tage nach dem Anschlag, auf den Weg in ihre Innenstädte machten, um ein Zeichen gegen Gewalt zu setzen. Mein Sohn und ich waren mit Freunden in Oslo bei diesem Rosenmarsch dabei und waren tief beeindruckt von dem starken Gefühl von Verbundenheit und Frieden, das sich in der bis auf den letzten Zentimeter gefüllten Innenstadt ausbreitete wie ein wärmendes Bad. Von der »kjærlighet«, der »Liebe«, war überall die Rede, und auch ich, die skeptische Journalistin, spürte, dass dieses in der Welt so abgenutzte Wort ausnahmsweise prall mit seinem tatsächlichen Inhalt ausgefüllt war. Merkwürdig, dass auch etliche Opfer ihr Leben auf einem Weg verloren, der auf der Insel als »Kjærlighetssti«, »Liebesweg«, bekannt ist. Es war trotz aller Verzweiflung über die Ereignisse, die uns alle in ihrem grauen Griff hatte, eine derart produktive Stimmung an jedem Platz der Stadt – ob Aker Brygge, der lebhaften Kaimeile, Rathaus oder Karl-Johan, der Flaniermeile der Stadt. »Wir lassen uns unser Vertrauen in die Menschen nicht nehmen«, war die Botschaft, die allen deutlich ins Gesicht geschrieben stand, während jeder seine Rose so weit es nur möglich war, gen Himmel streckte. Emotionale Werte erweisen ihren wahren Sinn eben ganz besonders in der Krise, wenn nur ein hauchfeiner Grad Hass und Ohnmacht von Güte und Vertrauen trennt.

»Om èn mann kan vise så mye hat, tenk hvor mye kjærlighet vi alle kan vise« – »Wenn ein Mann so viel Hass zeigen kann, stell dir vor, wie viel Liebe wir alle zeigen können«, war die Parole dieser dennoch dunklen Wochen, in denen sich Norwegen in einer Art Trauerschock befand. Ich bin überzeugt, dass gerade diese Einstellung den Bewohnern des kleinen, familiären Landes überall geholfen hat, wieder so etwas wie Normalität herzustellen, zur Ruhe zu kommen und zur Tagesordnung überzugehen. Die ganze Welt schaute in diesen Tagen mit Staunen, Bewunderung und Respekt in den Norden Europas. Auf diese Weise mit tiefster Not umzugehen, die wohl keiner hier für möglich gehalten hatte, bewegte die ganze Welt.

© Mitarart - Fotolia.com

Das Beispiel Rosenmarsch zeigt, wie viel stärker man sich selbst fühlt, wenn man auf Revanche und Rache, wie gerade nach partnerschaftlichen Trennungen weitverbreitet, verzichtet, und zwar unabhängig davon, wie groß der eigene Schmerz sein mag. Öffnen Sie Ihr Herz und schicken den Groll in die Wüste. Sie tun sich und Ihren Kindern damit viel Gutes und ebnen den Weg in eine entspannte, gemeinschaftliche, aber dennoch eigenständige Zukunft. Wenn es um Fragen rund um Herz und Verstand geht, scheint es ansonsten besonders leicht, in Schwarz-Weiß-Kategorien zu verfallen. Die Befürchtung, womöglich als »naiv«, »sentimental« oder »uncool« zu gelten, wenn man seine Gefühle stärker in seinen Alltag einbezieht, eventuell sogar dem Ex-Partner gegenüber, wiegt für manche schwer. Warum sich also »outen« und damit so viel verletzlicher machen? Viele präsentieren sich lieber rational, um auf der (vermeintlich) sicheren Seite zu sein und hindern sich selbst daran, »den Schatz ihres eigenen Lebens zu heben«.

Gefühle zeigen und zu sich selbst stehen

Unsere Herzensqualitäten stehen in enger Verbindung mit dem Gefühlsleben. Sein Herz zu verschließen, kommt als Bumerang zu uns selbst zurück. Selbstverständlich hat auch die Vernunft ihren Sinn und ihren Platz. Sie sorgt zum Beispiel dafür, dass Gefühle nicht allzu überbordend unser Leben prägen. Keiner wünscht sich wohl ein Leben, das von Instinkten und Reflexen gesteuert wird, wie sie das limbische System des Gehirns vorgibt. »Die Kontrolle von Gefühlen durch das Denken ist jedoch eine zweischneidige Angelegenheit«, hebt David Servan-Schreiber hervor. »Kommt sie allzu oft zum Zug, verliert man möglicherweise die Fähigkeit, die Hilferufe des emotionalen Gehirns zu hören. Auf die Folgen einer solchen Unterdrückung von Gefühlen trifft man häufig bei Personen, die als Kinder gelernt haben, dass Gefühle nicht zulässig sind. Typisches Beispiel dafür ist zweifelsohne die Männern so häufig eingetrichterte strenge Ermahnung: »Ein Junge weint nicht.« Ein Gehirn, das emotionalen Informationen verbietet, einen Einfluss auszuüben, verursache andere Probleme, z.B. fiele es schwer, ohne die »innere Stimme«, die aus dem Bauch oder dem Herzen komme, Entscheidungen zu treffen. »Schon eine Neigung zur Unterdrückung von Gefühlen kann massive Auswirkungen auf die Gesundheit haben.« Symptome seien hier die klassischen Stresskrankheiten: unerklärliche Müdigkeit, Bluthochdruck, Erkältungen, Herzkrankheiten, Magen-Darm-Beschwerden und Hautprobleme. In ihrem Buch »Raushetens Tid«, »Zeit der Großzügigkeit«, appelliert die bekannte norwegische Journalistin Kathrine Aspaas, zu seiner eigenen Verletzlichkeit zu stehen und der Tatsache mutig ins Auge zu blicken, nicht perfekt zu sein. »Die meisten Leute kämpfen mit Scham, Furcht und dem Gefühl, nicht auszureichen.« Zu seiner eigenen Geschichte ganz und gar zu stehen, nennt auch Aspaas einen wichtigen Schritt zu einem Leben, das die Kraft der eigenen Verletzlichkeit und dunklen Gefühle nutzt, um mutiger, mitfühlender und mit mehr Zugehörigkeit durchs Leben zu gehen. Genau wie Servan-Schreiber sieht auch Kathrine Aspaas die Verbindung von Herz und Hirn als Grundvoraussetzung, um mit anderen glückliche Beziehungen zu erleben. »Die emotionale Intelligenz findet dann am angemessensten ihren Ausdruck, wenn die beiden Hirnsysteme, das kortikale (für das kognitive Bewusstsein) und das limbische, ständig zusammenarbeiten.«

Wenn Trennungen aggressiv machen

Professor Joachim Bauer forscht zudem mit der evolutionären Bedeutung von Feindseligkeit. Schmerzen lösen zunächst Aggression aus, betont er. Zu solchem Schmerz zähle auch die soziale Zurückweisung, wie sie nach einer Trennung meistens mindestens einer der Ex-Partner erlebt. Dies sei im Experiment nachgewiesen. In der Evolution kann eine solche Reaktion sinnvoll gewesen sein, um das Überleben zu sichern. In unserer Zeit jedoch schießen wir uns damit lediglich Eigentore und schaden unseren Kindern. »Beim Aggressionssystem des Menschen müssen zwei Komponenten unterschieden werden«, erläutert Bauer.[20] Komponente eins (»Dampfkessel« oder »Bottom-Up-Drive«) besteht aus Angstzentrum (Amygdala), Aversionszentrum (Teile der Insula), Stresssystem (Teile des Hypothalamus) und den Erregungszentren des Hirnstamms. Komponente zwei (»Kontrollzentrum« oder »Top-Down-Control«) bilden Netzwerke des Stirnhirns (»präfrontaler Kortex«/PFC). Der »Dampfkessel« erzeugt die in uns aufsteigende Wut, das »Kontrollzentrum« des PFC speichert Informationen darüber, wie sich Handlungen, die wir ausführen, für andere Menschen darstellen. Sie schützen uns, falls sie intakt sind, vor überschießenden Reaktionen.

Exkurs: Umgang mit posttraumatischen Erlebnissen

Manchmal kommt es jedoch auch im Zuge von Trennungen und Eifersuchtsdramen zu extremer Gewalt, im schlimmsten Fall sogar zum Mord des Ex-Partners, wie die Medien immer wieder berichten. Die meisten gewaltsamen Verbrechen sind ohnehin Beziehungstaten. Jeder gewaltsame Übergriff eines anderen, besonders von Menschen ausgeübt, denen vertraut wurde, kann traumatische Auswirkungen auf den anderen haben. Doch auch hier kann die Kenntnis dessen, was im Gehirn während und nach einem Trauma geschieht, helfen, die Ereignisse zu verarbeiten. Was brauchen Menschen, die ein solches Trauma erleben mussten, damit sich kein posttraumatisches Belastungssyndrom (PTBS) entwickelt?

Dieses Krankheitsbild wurde erstmals an Vietnamveteranen erforscht. Symptome sind auf lange Sicht Schlafstörungen, Angst, schmerzhafte Erinnerungsschübe, Gefühle von Schuld und Scham, Interessenverlust, Schmerzzustände und Konzentrationsschwierigkeiten. An der Universität Greifswald gehen die Traumaforscher Philipp Kuwert und Professor Christine Knaevelsrud jetzt neue Wege in der Therapie von PTBS: In der Studie »Lebenstagebuch«, an der ältere Menschen mit ihren unverarbeiteten Kriegserlebnissen mitwirken, sind die ersten Ergebnisse vielversprechend. Die Teilnehmer berichten mehrheitlich von besserem Nachtschlaf und mehr innerer Ruhe. In der »Integrative Testimonial Therapy« (etwa: umfassende Therapie, bei der Zeugnis abgelegt wird) geht es darum, dass der Patient eigenständig und in selbst gewähltem Tempo verdrängte Schmerzen wieder ans Tageslicht holt und sich seine Erinnerungen von der Seele schreibt. Mit dieser Methode haben die Greifswalder Forscher gute Resultate erzielt – und das, obwohl das Trauma der Probanden schon Jahrzehnte zurückliegt. Die Behandlung und biografische Aufarbeitung läuft dabei über sechs Wochen, die Kommunikation

---

20 Hochschulzeitung, Forschung & Lehre, »Egoismus oder Altruismus. Was treibt den Menschen?«

zwischen Proband und Therapeut erfolgt über das Internetportal www.lebenstagebuch.de und besteht aus strukturierten Behandlungseinheiten. Für viele der Probanden waren die schrecklichen Kriegserlebnisse mit Tabus und Schweigen verriegelt, die sie bis zum Angebot der Studie auch selbst niemals gebrochen hatten. Gerade dass sie in vertrauter Umgebung zu Hause am PC schreiben können, erleichtere das Erinnern, sagen die Greifswalder Mediziner. Wichtig sei es für die Heilung, die starken Gefühle noch einmal zu erleben und auszuhalten. Erleben Menschen starke Schockzustände, frieren die Emotionen gewissermaßen ein, was bei unerträglichem Schmerz kurzfristig ein sinnvoller Überlebensmechanismus ist. Langfristig jedoch kann die Lebensqualität extrem gedrosselt werden, die Symptome des PTBS machen das Leben dann schwer und führen oft zu einem trostlosen Gefühl innerer Leere und des »Neben-sich-stehens«. Die Krankheit entstehe dadurch, dass Gefühle aus dem Bewusstsein abgespalten werden, weil ihr Erinnern zu schmerzhaft wäre. Bei einem unerwarteten Schockerlebnis hat das Gehirn Probleme, das Erlebte abzuspeichern, der Betroffene entwickelt Erinnerungslücken. Das Trauma ist auf einer unbewussten Ebene trotzdem virulent und hinterlässt unliebsame Spuren. »Flashbacks«, bei denen plötzlich Bilder des Geschehens und starke Gefühle auftauchen, die nichts mit der Gegenwart zu tun haben, können aber als Selbstheilungsmechanismus verstanden werden, als Signal für zu leistende Erinnerungsarbeit, sagt Kuwert. Denn erst, wenn das Geschehene wieder komplett ins Bewusstsein integriert ist, fühlt sich der Patient besser. Wie die Studie zeigt, ist Heilung sogar möglich, wenn das Erlebte Jahrzehnte zurückliegt.[21]

Trennungstagebuch gegen den Schmerz

Ihre ganz persönliche Geschichte der Trennung zusammenhängend aufzuschreiben, mit allen damit verbundenen Belastungen, wirkt als Meilenstein in der Bewältigung und fördert Ablösungsprozesse.

Schreiben Sie in eigenen Worten, entweder in der »Ich«-Form oder als würde es sich um eine dritte Person handeln, wie sich dieser Umbruch in Ihrem Leben ereignete. Was hat den Ausschlag gegeben, auf welche Weise haben sich eventuell Vorboten der Trennung bemerkbar gemacht? Hier brauchen Sie kein Blatt vor den Mund zu nehmen, sondern können der ganzen Geschichte Ihre Sicht der Dinge anvertrauen. Sie können sich das Schreiben in so viele Etappen aufteilen, wie es Ihnen gut tut. Wichtig ist nur, regelmäßig dabeizubleiben. Also besser jeden Abend zwei, drei Sätze als drei Wochen gar nichts. Diese Übung hilft enorm, die Verbindung zu seinem Herzen nicht abreißen zu lassen und den Schmerz zu bewältigen.

21 Die Welt, »Ein Tagebuch gegen das Trauma«, 15.12.2011

Nur eine Rose als Stütze

Ich richte mir ein Zimmer ein in der Luft
unter den Akrobaten und Vögeln:
mein Bett auf dem Trapez des Gefühls
wie ein Nest im Wind
auf der äußersten Spitze des Zweigs.
Ich kaufe mir eine Decke aus der zartesten Wolle
der sanft gescheitelten Schafe, die
im Mondlicht
wie schimmernde Wolken
über die feste Erde ziehen.
Ich schließe die Augen und hülle mich ein
in das Vlies der verlässlichen Tiere.
Ich will den Sand unter den kleinen Hufen spüren
und das Klicken des Riegels hören,
der die Stalltür am Abend schließt.
Aber ich liege in Vogelfedern, hoch ins Leere gewiegt.
Mir schwindelt. Ich schlafe nicht ein.
Meine Hand
greift nach einem Halt und findet
nur eine Rose als Stütze.

— Hilde Domin

Essenz

- Mut und Beherztheit gehören zusammen.
- Seine Herzensqualitäten im Alltag mehr einzubringen fördert Verbundenheit, Wohlwollen und Vertrauen.
- Auch nach einer Trennung helfen Humor und Lachen zu mehr Normalität und erleichtern nicht zuletzt das Leben mit Kindern.
- »Seien Sie selbst so, wie Sie es in der Welt sehen wollen.« (Albert Einstein)
- Zu seiner eigenen Geschichte ganz und gar zu stehen und die Kraft der eigenen Verletzlichkeit zu nutzen, ist ein wichtiger Schritt in ein neues Leben. Herz und Verstand gehen dabei Hand in Hand.

Teil 2

Gespräche mit Ex-Partnern

© solovyova - Fotolia.com

Trennungswegweiser: Anderen ging es ebenso

Sie dachten immer, Sie wären die/der Einzige, der/dem so etwas passiert? Der verlassen wird oder jemand anderen verlässt? Vielen geht es ähnlich und doch laufen Trennungen immer individuell ab. Es gibt keine absoluten Wahrheiten, jeder muss seine ganz persönliche Trennungsgeschichte bewältigen. Und jede Trennung erfordert Mut. Im Folgenden verraten verschiedene Menschen, wie es ihnen mit der Trennung ging. Vielleicht finden Sie in den Geschichten Trost, Mut oder auch Anregungen und Ideen, wie Sie mit Ihrer persönlichen Situation weiter umgehen können.

»Wer die Trennung will, muss selbst rudern«

Die norwegische Schriftstellerin Merete Morken Andersen lebt nah am Fjord, nur 20 Fährminuten von Oslo entfernt. Mit ihrem getrennten Mann Arve war die heute 47-Jährige fast 30 Jahre zusammen, wenn auch die letzten Jahre nur noch räumlich. Den Kindern, Sohn Adrian (21) und Tochter Anna (15), ließ sie Zeit, damit das neue Leben sich für alle in Ruhe entwickeln konnte.

Die Erkenntnis, dass sie sich nichts mehr zu sagen hatten als Paar, wuchs bei Merete langsam, aber stetig. »Ich spürte mehr und mehr, dass das Leben gemeinsam mit Arve nicht mehr das war, was ich wollte«, blickt sie auf die letzte Phase ihrer Trennung zurück. Da sei etwas in ihrem Leben gewesen, was sehr falsch war und sich im alltäglichen Zusammenleben als generelles Unbehagen äußerte. Auch eine Partnertherapie konnte die Situation für die Familie nicht mehr retten. »Mir war klar, dass unsere Beziehung am Ende war«, erzählt sie. Die Kinder sollten allerdings so wenig wie möglich darunter leiden müssen. Und so entwickelte Merete, nachdem sie mit ihrem Mann über den Bruch gesprochen hatte, eine langfristige, wohldurchdachte Trennungsstrategie. Vor allem sollten Adrian und Anna die Möglichkeit erhalten, sich langsam an den Gedanken zu gewöhnen, dass ihre Eltern auseinandergehen würden. Wenn die Tochter konfirmiert und der Sohn Abitur haben würde, wollte Merete nicht mehr unter einem Dach mit ihrem Partner leben. Als Patentrezept für andere will sie das allerdings nicht unbedingt verstanden wissen. »Man kann keine Trennung und keine Familie miteinander vergleichen. Jeder muss seine eigene Lösung finden«, ist die Autorin mehrerer, teilweise u. a. ins Deutsche übersetzten Romane überzeugt.

Jetzt, da tatsächlich für alle ein neues Leben begonnen hat, alles reibungslos über die Bühne gegangen ist und sie eine stabile Nachscheidungsfamilie geworden sind, hat sie eine Metapher entwickelt, wie die ganze Familie durch die Zeit des Umbruchs gelangte: »Eine Trennung ist so, als würdest du dich an einem Strand befinden und das Meer liegt vor dir. Du siehst das Ufer auf der anderen Seite und sagst dir: Hier, wo ich jetzt bin, möchte ich nicht sein, ich möchte auf die andere Seite. Doch ich möchte die ganze Familie dorthin mitnehmen. Allein kann ich nicht reisen. Und das andere, das auf der anderen Seite – das kann nur ein besseres Leben für alle sein. Es gilt also, diese Reise sehr gründlich zu planen. Als Erstes muss man ein Boot bauen. Dort kann man seine Familie hineinbitten. Wer die Trennung will, muss automatisch die Verantwortung dafür übernehmen, dass alle mit im Boot sind, und er muss selbst rudern.

Und das macht man dann. Das dauert länger oder kürzer. Es ist sehr wichtig, im Boot still sitzen zu bleiben. Falls du beginnst, Aufruhr im Boot zu machen und dich zu bewegen, kann es kentern. Das wird gefährlich auf hoher See. Ein Teil der Arbeit besteht erst einmal darin, das Boot zu beschaffen – all das Praktische: Wo sollen wir wohnen, wo soll das Geld herkommen und wie sollen wir das Zusammensein mit den Kindern regeln. Alle Gefühle, die dabei hochkommen, sollten am besten in Ruhe betrachtet werden. Denn es ist sehr wichtig, still und beharrlich weiterzurudern. Früher oder später wird dann das anvisierte Ufer erreicht.«

Inzwischen sind alle im neuen Leben angekommen und es geht ihnen gut. »Nun bin ich tatsächlich da, wo ich hinwollte«, freut sich Merete. »Darauf war ich eigentlich gar nicht vorbereitet, weil ich so sehr mit den Fragen beschäftigt war, wie es weitergehen soll. Alles ist gut jetzt. Adrian ist von zu Hause ausgezogen und absolviert gerade seinen Militärdienst. Arve hat inzwischen eine neue Partnerin gefunden. Das war nicht geplant. Daran hatte ich gar nicht gedacht. Ich war ja so beschäftigt mit all dem anderen, das getan werden sollte. »Als die neue Partnerin ins Leben von Arve kam, brachte das natürlich Fahrt in die Sache und Arve erkannte, dass er auch ein Stück mitrudern sollte. Alles sei plötzlich sehr schnell gegangen. Da sprang er plötzlich heraus aus unserem Boot, so, als ob er das immer schon selbst so gewollt hätte. Und ich konnte durchatmen und merkte erst jetzt, wie viel Kraft ich vorher allein gebraucht hatte, um alles in Gang zu bringen.«

Was für sie das größte Hindernis war? Falls einer zusätzlich mit ins Boot gekommen wäre. »Ich fand es wichtig, dass nur unsere Familie sich in dem Boot befand. Es war mir in dieser Periode sehr bewusst, kein Verhältnis einzugehen, weil das zu viel Unruhe ins Boot bringen würde. So hatten wir, bis Arves Freundin kam, eine sehr ruhige Fahrt. Von Arve war das eine sehr untypische Reaktion. Es war kein leidenschaftliches Verhältnis, als wir vom Land losruderten. Es war eine tiefe Freundschaft. Wir empfanden viel Respekt füreinander und brauchten die meiste Zeit, um das Praktische zu ordnen.

Alles, wie es ablief, fühlt sich im Nachhinein sehr richtig an, weil ich es war, die die Trennung gewollt hat. Das Wichtigste war für mich, sich in die Perspektive der Kinder hineinzuversetzen, um zu verstehen, wie sie wohl die Trennung ihrer Eltern erlebten. Wenn es mir selbst gut gehen soll, dann muss es auch den Kindern gut gehen. Wenn es den Kindern gut gehen soll, muss es auch ihrem Vater gut gehen.«

Adrian und Anna sollten weiterhin in dem Haus wohnen können. Ein wichtiger Teil der Trennung war es, die offenen finanziellen Fragen zu klären. Sie habe gerechnet und gerechnet, damit sie Arve seinen Anteil des Hauses auszahlen konnte. Denn das Haus gehörte zu 75 Prozent ihr, weil ihr Vater dem Paar damals finanziell unter die Arme gegriffen hatte, als sie es kauften. Kurzerhand entschied sich Merete zum Umbau, um mit einer Einliegerwohnung Mieteinkünfte zu erzielen. Es lag ihr am Herzen, dass Arve sich ebenfalls wieder ein Haus in der Nähe würde kaufen können. »Die Kinder sollten nicht sagen: der arme Papa«, erzählt sie. Arve wohnt nun, wie geplant – nach einem kurzen Zwischenstopp in einer möblierten Wohnung – in der Nachbarschaft. Anna kann leicht beide Eltern von ihrer Schule aus erreichen. Der jüngeren Tochter gefällt es ausgesprochen gut im neuen Zuhause des Vaters, und auch die neue Partnerin wurde von ihr für nett befunden und akzeptiert. Es gebe gerade nun, in der Pubertät, wichtigere Dinge in Annas Leben, berichtet Merete. »Sie ist ganz genauso wie alle 15-Jährigen mit anderen Dingen beschäftigt als mit ihren Eltern.« Aus eigenen Stücken entschied sie sich, jedesmal mindestens eine Woche bei einem Elternteil zu bleiben. Die Kinder sollten in keiner Weise in irgendeiner Form dafür bezahlen müssen, dass die Eltern sich getrennt hatten.

Merete erinnert sich noch gut an den Abend, als sie den Kindern reinen Wein darüber einschenkte, wie es tatsächlich um die Beziehung der Eltern bestellt war. »Es war ein Freitagabend, und Arve, der in seiner Freizeit viel Sport treibt, befand sich auf einem Wettkampf. Die Kinder schauten gerade Fernsehen. Ich ging zu ihnen und teilte ihnen mit, dass ihre Eltern wirklich gute Freunde, aber keine Liebsten mehr waren. Wenn sie erwachsen wären, würden die Eltern nicht mehr zusammen wohnen.« Ein halbes Jahr war bereits vergangen, seit sie Arve ihren Trennungswunsch mitgeteilt hatte. Die Kinder waren es mehr oder minder gewohnt, dass sie hier im Haus längst eigene Wege gingen. Merete war aus dem elterlichen Schlafzimmer ausgezogen. »Wenn wir nicht so viel Platz hätten, hätte diese Phase vielleicht nicht so gut geklappt, dann wäre man sich vermutlich eher auf die Nerven gegangen und es wäre wesentlich anstrengender für die Eltern geworden«, glaubt sie.

Mit Arve fand sie in dieser Zeit einen eigenen Rhythmus der Kommunikation, was für die Trennung wichtig sein sollte: »Er ist langsamer als ich, doch wenn er sich einmal für etwas entschieden hat, ist er sehr zuverlässig und es gibt keinen Weg mehr zurück. Wir haben auch in der Trennungszeit sehr selten miteinander geredet. Wir haben uns Briefe geschickt«, erinnert sie sich. Sie habe sich hingesetzt und genau aufgeschrieben, wie sie sich die Trennung vorstellte und was sie für alle zu tun gedenke. Arve hatte versprochen zu antworten. Die Antwort kam rund ein Jahr später. »Vielen Männern fehlen die Worte in solchen Situationen«, sagt sie mit verständnisvollem Lächeln. Und nun dauert es nicht mehr lange, bis sie auch offiziell nicht mehr Mann und Frau sind und die

Scheidung durch ist. »Uns allen geht es wieder gut«, zeigt sich Merete sehr zufrieden. Sie sei nun auf der anderen Seite des Ufers. Ein Gefühl von unbeschreiblicher Freude breite sich oft in ihr aus. »Ja, sogar ein Glücksgefühl.« Für sie ist es nicht minder wichtig, zu sehen, wie gut Arve es nun mit der neuen Partnerin hat: »Er ist glücklich und verliebt und es kann gut sein, dass er noch einmal Vater wird.« Einen neuen Partner hat sie selbst noch nicht gefunden.

Jeden Sonntag trifft sich die ganze Famile wieder zum gemeinsamen Mittagessen. Auch Arve habe sie alle schon zweimal in sein neues Haus eingeladen. Sie sei allerdings nicht sonderlich interessiert an seinem neuen Leben und froh, wenn sie wieder zu Hause ist. Denn zu tun hat die Autorin mehr als genug. Intensiv arbeitet sie derzeit an einer Biografie über die norwegische Schriftstellerin Amalia Skram. Zwar nutzt sie ihre Schreibbegabung nicht als Eigentherapie, hat jedoch Studenten schon häufig diesen Rat gegeben. »Gerade in einer Krise kann es sehr heilsam sein, sich alles von der Seele zu schreiben, um wieder Ordnung in das Gefühlsleben zu bringen.« Ob sie auch einen Rat für frisch getrennte Paare habe, wie sich destruktive Gefühle am besten bändigen lassen, um nicht einen Flächenbrand in der ohnehin schon schwierigen Zeit zu entfachen? Sie glaube sehr daran, diese Energie in etwas anderes zu verwandeln, antwortet sie prompt. »Es funktioniert physisch prima, etwas ganz anderes, am besten Gegenteiliges, zu machen. Denn wenn du in dieser aufgebrachten Energie weitermachst, geschehe oft etwas, was keiner gewollt habe.

Wenn du zum Beispiel merkst, dass du sehr laut sprichst, sprich einfach bewusst besonders leise. So erhält die Destruktivität eine geringere Chance, dich zu steuern.«. Denn Gewalt in der Partnerschaft – verbal oder körperlich – ist niemals zu akzeptieren, findet Merete Morken Andersen. In ihrem Freundeskreis, wo sich ebenfalls viele getrennt haben, hat sie es immer wieder erlebt, dass die Ereignisse aus dem Ruder liefen und sie – meist von den Frauen – um Hilfe gebeten wurde. Auch vor ein paar Tagen hat sie das wieder erlebt, als eine völlig aufgebrachte Bekannte sie anrief, die sich weigerte, ihrem Mann die Kinder zu überlassen, weil er diese der neuen Partnerin vorstellen wollte. Ihre Bedingung war, erst wolle sie selbst die Neue treffen. Dazu war diese jedoch nicht bereit. Als Konsequenz versuchte die Verlassene nun mit aller Gewalt, eine Begegnung mit ihren Kindern zu verhindern. Merete redete mit Engelszungen und versuchte die Freundin zu überzeugen, dass sie das wohl oder übel ertragen und dulden müsse. Am nächsten Tag wurde sie wieder von der Frau angerufen, die ihr die neueste Wendung erzählen wollte: Sie sei so wütend auf den Ex geworden, als er die Kinder geholt habe, dass sie auf ihn losgegangen sei und ihn geschlagen habe.

Da habe Merete sofort aus tiefster Überzeugung das Telefongespräch beendet. »Das geht gar nicht«, habe sie gesagt. »Darüber sprichst du nicht mit mir.« Den Belangen der Kinder dürfe nicht durch die eigenen verletzten Gefühle geschadet werden. Der Vater gehöre einfach zum Wohl der Kinder immer mit ins Boot.

Tipp: E-Mail für dich

Kurz nach einer Trennung zeigt sich bei vielen, dass man nicht mehr miteinander reden kann. Schriftlich, zum Beispiel mit E-Mails, dem anderen vermitteln, was man auf dem Herzen hat, kann dazu beitragen, das Eis wieder zu brechen. Jeder kann entsprechend seinem eigenen Rhythmus darauf reagieren, sich in aller Ruhe sich das Geschriebene durchlesen und überlegen, was er/sie dazu zu sagen hat. Auch die Hemmschwelle, den anderen zu verletzen, ist höher, wenn etwas deutlich schwarz auf weiß steht. Ein Versuch lohnt sich immer …

Fazit:

- Es gibt keine Patentrezepte in Zeiten des Umbruchs – jede Trennung verläuft anders.
- Um an das »andere Ufer« – einem guten Leben als Nachscheidungsfamilie – zu gelangen, rudern am besten alle in einem Boot.
- Detaillierte Planung im Vorfeld (zum Beispiel: über Finanzen, Wohnen und Urlaube) bewahrt bei allen Familienmitgliedern ein Gefühl von Sicherheit.

»Mut zur Trennung als Dauerzustand«

Getrennte Väter können auf vielerlei Weise mit ihren Söhnen und Töchtern in Kontakt bleiben. Räumliche Trennungen machen es in der Regel nicht einfach, am Alltag des Kindes teilzunehmen. Jörn Liebezeits einzige Tochter Emma (14) lebt seit jeher in den USA, ihre Mutter ist Amerikanerin. Wenigstens sporadisch an ihrem Leben teilnehmen zu können, liegt ihrem Vater dennoch am Herzen.

Er fragt sich oft, wie es wohl für Emma sein mag, ihren Vater so weit entfernt im hohen Norden Europas zu wissen und ohne ihn aufzuwachsen. Denn dort lebt der Sohn einer Norwegerin und eines Deutschen. Seine Tochter Emma ist nun mitten in der Pubertät. Seit einiger Zeit zeige sie sich verschlossener ihm gegenüber, was aufgrund der räumlichen Distanz nicht so einfach ist. Noch dazu redet sie oft einen für ihn ziemlich unverständlichen, amerikanischen Slang. »Sie wird schnell ungeduldig, wenn ich nicht mitkriege, was sie sagen will«, sagt er. Gelegenheit zum Gespräch gibt es ohnehin eher selten. Zuletzt war er im vergangenen Sommer bei ihr gewesen, doch bereits seit ihrer Geburt immer nur zu Besuch. Emma hat kürzlich auf die Junior-Highschool gewechselt: »Sie ist eine kleine Prinzessin und hat es sehr eilig, erwachsen zu werden«, lacht Jörn. Telefonieren will Emma nicht. So bleibt ihm nichts anderes übrig, als Emmas Mutter Leslie anzurufen, wenn er mehr über Emmas aktuelles Leben wissen will. Fast hat er den Verdacht, dass Emma dies bezweckt, weil sie den Wunsch vielleicht doch noch nicht aufgegeben hat, sie könnten einmal als ganz normale Familie zusammenleben. »Das vermute ich jedenfalls«, sagt Jörn. »Das ist schließlich ein ganz normaler Wunsch eines Kindes, wenn die Eltern nicht zusammenleben.«

Die Zeichen eines ganz normalen Familienlebens standen von Anfang an denkbar schlecht. Denn Emma ist das lebendige Ergebnis einer kurzen Affäre, die indirekt etwas mit dem Tod seines Vaters zu tun hat. Sein Tod hatte den damals 35-jährigen Jörn sehr erschüttert, »weil er so unerwartet war. Da wurde ich selbst noch einmal damit konfrontiert, was denn wirklich wichtig ist im Leben«, blickt er zurück. Er entschloss sich, seinen Job als erfolgreicher Ingenieur aufzugeben und sich auf die Suche nach den Antworten, die er brauchte, zu begeben. Er kündigte, lagerte seine Möbel ein, meldete sein Mobiltelefon ab und reiste nach Mexiko, besuchte einen Spanischkurs und reiste weiter in die Staaten. Auf einer Konferenz zur Milleniumwende lernte er Emmas Mutter kennen – ein kurzes Strohfeuer. »Es war spannend, aber anstrengend.«

Die Verbindung hatte in seinen Augen wenig Perspektive. Von Leslies Schwangerschaft erfuhr er dann ein paar Monate später, als sie schon im vierten oder fünften Monat mit Emma schwanger war. »Nachdem ich diese Schocknachricht erhalten hatte, reiste ich zurück in die Staaten, um zu klären, ob ich bleiben und eine Familie gründen sollte oder nicht.« Fragen, was er nun am besten tun und ob er es noch einmal versuchen solle, gingen ihm durch den Kopf. Doch ihm wurde klar, dass eine partnerschaftliche Beziehung mit der Mutter seiner Tochter nicht der richtige Weg und schon rein praktisch aus beruflichen Gründen fast unmöglich war: »Die Chemie zwischen uns fehlte, und außerdem hatte ich keine Arbeit dort.« Auch war er selbst zu sehr damit beschäftigt, einen neuen Weg für sein Leben zu finden und hatte mit einer neuen Ausbildung begonnen. »Alles ging damals sehr langsam und war ökonomisch schwierig. Ich fühlte mich allein und befand mich durch diese ungeplante Schwangerschaft in einem echten Dilemma. Am Anfang spürte ich auch Zweifel, ob ich wirklich der leibliche Vater von Emma war. Alles war irgendwie mystisch und unwirklich.« Doch seiner Verantwortung als Vater wollte er sich von Anfang an stellen und mit der Tochter in Kontakt bleiben.

Als Emma heranwuchs, versuchte er regelmäßig Kontakt zu halten. Emma wollte nicht mit ihm am Telefon sprechen, daher ging aller Kontakt über die Mutter. Einmal im Jahr zu ihr zu reisen, war sein Ziel. Die Mutter Leslie wollte ihn, auch als in weiter Ferne lebender Vater, mit ins Boot nehmen. Jörn nahm seine Vaterschaft ernst. »Irgendwie ist Emma seither immer dagewesen, und ich habe versucht, meinen Beitrag zu leisten, auch finanziell.« Sie sei nun mal seine Tochter, noch dazu die einzige. »So unschön das damals war, wie sie zustande gekommen ist, umso mehr freue ich mich heute, dass es sie gibt. Sie hat mein Leben enorm bereichert.«

Lange Zeit haben ihn zudem Schuldgefühle geplagt: »Ich glaube, wenn es beruflich die Möglichkeit gegeben hätte, in Emmas Nähe zu leben, hätte ich mich dazu entschieden«, sagt er heute. Seine Besuche hat er dennoch seither mehr oder minder aufrechterhalten. »Das Beste, was ich unter den gegebenen Umständen für sie tun kann, ist ihr zu zeigen, dass sie wichtig für mich ist. Ich bin nicht Teil ihres Alltags. Für sie ist es schwierig, und sie verändert sich die ganze Zeit. Es ist nicht leicht zu erkennen, in welcher Phase sie sich gerade befindet. Auch ist es für mich oft sehr schmerzhaft, von ihr abgewiesen zu werden. Wenn ich allein zu ihr in die USA möchte, führt es leicht zu Spannungen in meiner aktuellen Partnerschaft – beides ist für mich die Hölle. Emma und ihre Mutter haben ein sehr enges Verhältnis. Als ich bei ihnen im Haus im Gästezimmer gewohnt habe, hat es noch am ehesten geklappt.« Mehr Ruhe habe es ihm inzwischen gegeben zu wissen, dass Emma es bei ihrer Mutter sehr gut hat und diese gut auf Emma aufpasst. »Sie hat dort alles, alles Wesentliche, das sie braucht.«

Manchmal war er mit seiner Geduld fast am Ende, etwa einmal, als Emma elf Jahre alt war: »Ich hatte ein Hotelzimmer gebucht und wir fuhren ins Disneyland und unternahmen alles, was ihr Spaß machte. Dann war sie plötzlich sehr abweisend. Ich wartete auf ein Wiedersehen und bereute es zwischendurch, dass ich für 10 Tage gebucht hatte. Mir war klar, dass ihr Widerstand nur Schutz bedeutete.« Aber schwierig und schmerzhaft war es doch.

Auch seine Geschwister, fünf an der Zahl, haben Emma signalisiert, wie willkommen sie in der weit entfernt von ihr lebenden, väterlichen Familie ist. Sie gehöre dazu, sagen alle. »Vielleicht wird es in der Zukunft, wenn sie älter wird, alles leichter werden und sie hat Lust, einmal für eine Weile nach Oslo zu kommen und hier zum Beispiel die Sommerschule zu besuchen oder vielleicht ist ein Besuch möglich, wenn sie in einigen Jahren selbst einmal einen Partner hat«, hofft Jörn.

Mut zur Trennung ist bei Jörn Liebezeit durch die Beziehung zu seiner Tochter, die er niemals missen möchte und durch die räumliche Distanz eine ständig geforderte Haltung. »Es erfordert schon Mut, immer wieder dorthin zu fahren, trotz aller Schmerzen. Sie macht es mir ja nicht leicht. Doch ich versuche jede Seite zu sehen. Sie kann ja nichts dafür, dass es so ist. Es hat sich so entwickelt. Für mich ist es heute eine große Gabe, dass Emma entstanden ist und ich bin auch ihrer Mutter Leslie dafür dankbar.

Fazit:

- Getrennte Väter tun gut daran, den Kontakt zum Kind aufrechtzuerhalten, selbst wenn Sohn oder Tochter sie phasenweise abweisen.
- Trennungskinder können, so wie alle anderen auch, die Geduld ihrer Eltern auf eine harte Probe stellen.
- Seinen Kindern trotzdem seine Zuneigung zu zeigen und sie immer bei sich willkommen zu heißen, kann auch später noch Früchte tragen.

»Irgendwann ist alles vorbei«

Anderen würde Rosalia Rüßer, die 66-jährige Bonnerin, mit Wurzeln in Bolivien, aus heutiger Sicht raten, sich früher vom Partner zu trennen, wenn dieser nicht genügend Vertrauen, Respekt und Achtung im Zusammenleben zeige. So hat sie es selbst viele Jahre erfahren. Doch damals konnte sie ihre streng katholische Erziehung und das Versprechen »bis dass der Tod uns scheidet« nicht vergessen. Und wie so viele in einer ähnlichen Situation, hoffte sie insgeheim, ihr Partner würde sich ändern und die Ehe würde sich eines Tages verbessern.*

Es ging eigentlich von Anfang an immer nur um ihren Ex-Mann. »Ich bin neben ihm gegangen und unerkannt geblieben«, sagt die 66-Jährige heute im Rückblick. Die beiden Söhne Elias und Michael sind inzwischen in den 30ern und haben sich beruflich etabliert. »Ich mache dies, ich studiere – immer nur hörte ich dieses ‚Ich, ich, ich' von ihm.« Ihre Aufgabe als Frau und Mutter sei es gewesen, allein die Kinder zu betreuen und zusätzlich als OP-Schwester das Geld zu verdienen, während der Vater der Familie Germanistik, Französisch und Spanisch studierte, um eines Tages Lehrer zu werden. Ihre Ambitionen, selbst einmal studieren zu können, verschob er auf später. Wenn die Kinder größer wären, würde auch er sich mehr um sie kümmern. Nachdem er dann mit dem Studium fertig war, bekam Rosalia ein verlockendes berufliches Angebot, um nach England zu gehen. Dort sollte sie mithelfen, neue medizinische Operationsinstrumente zu entwickeln. Sie wäre gerne mit der ganzen Familie für eine Weile dorthin gezogen. Doch ihr Ehemann und seine Familie waren strikt dagegen. Die Männer der Familie arbeiteten grundsätzlich nicht als Hausmann, hieß es zum Beispiel von seinen Eltern. »Daher habe ich mich entschieden, Vollzeit zu Hause zu bleiben, um mich um die Kinder zu kümmern. Ich wollte einige Jahre lang Mutter sein und meine beiden Jungs begleiten.« Ein paar Jahre später könne sie ja immer noch die Karriere wieder aufnehmen, dachte sie sich. Doch es ergab sich nie die Gelegenheit und ihr wurde immer klarer, dass es ihrem Mann gleichgültig war, wie es ihr ging und wie sie sich fühlte. »Innerlich habe ich immer schon gespürt, dass ich ihm nicht vertrauen kann«, ist sie heute überzeugt. Außerdem fühlte sie sich alles andere als gut behandelt: Persönliche Herabsetzungen bis hin zu Beleidigungen, dass sie sowieso nichts tauge, waren während ihrer Ehe an der Tagesordnung und nagten mit der Zeit an ihrem Selbstwertgefühl. »Du kannst nichts und du bist nichts«, habe er immer wieder zu ihr gesagt. Und seine Mutter unterstützte ihn auch noch dabei. »Als ich ihn am Ende verlassen wollte, fragte mich seine Schwiegermutter, was ich eigentlich wolle, ich hätte doch alles – Waschmaschine, Trockner, Spülmaschine.« Für die Familie, Kaufleute mit florierendem Geschäft, ging es immer nur um Geld, Geld, Geld. Sie fühlte sich ständig unter Druck gesetzt. Alles wurde nur materiell betrachtet. Doch zugleich sei da diese Hoffnung gewesen, er würde sie irgendwann einmal verstehen und sich auch einmal in sie und die Kinder hineinversetzen.

Er hatte immer gesagt, wenn beide Söhne über 16 Jahre alt sind, würde er sich allein um sie kümmern. Mit kleinen Kindern wisse er nun mal gar nichts anzufangen. Stattdessen wurde die Lage für sie immer schlimmer. Viele Dinge des Alltags sah er in einem sehr negativen Licht und nörgelte viel. Auch die Kinder hat er häufig kräftig kritisiert, indem er ihnen sagte, sie würden in der Schule keine guten Noten zustande bringen. Immer wieder habe ich mit Engelszungen geredet und ihnen gesagt, sie sollen für sich selbst lernen und nicht für ihn. »Seine Worte haben jedoch stärkere Wirkung gezeigt als meine Liebe und tatsächlich klappte es für die beiden während der Schulzeit nicht so gut.

Er hatte ihnen zu oft gesagt, ihre Gehirne reichen nur fürs Müllmännerdasein. Sogar an den Geburtstagen unserer Söhne ging es so weiter: Da hat er immer gemeckert, warum wir so viele Luftballons aufgehängt haben – nur weil er selbst das als Kind nicht so gehabt hatte.« Ihren eigenen Geburtstag ignorierte er sowieso. Auch ihre Hausärztin, der sie sich einmal anvertraute, half ihr nicht weiter, sondern verordnete ihr stattdessen Tranquillizer. »So sind sie eben, die Männer«, lautete ihr knapper Rat. Die Zeiten waren damals anders. »Frauen waren nur da, um dem Mann zu dienen«, erinnert sich Rosalia. »Heute würde ich sagen, das war eine gezielte, vernichtende Arbeit von ihm, um meinen Wert zu vermindern. Während so etwas geschieht, siehst du das, was du selbst machst, nicht als eine Aufopferung«, ist Rosalia überzeugt. »Du versuchst, die ganze Zeit für alle zu sorgen und möchtest vor allem, dass es allen Familienmitgliedern gut geht.« Nur habe sie tatsächlich durch seinen Einfluss immer weniger an sich selbst geglaubt. »Erst später erkannte ich, dass ihm mir gegenüber jegliche Würde fehlt.«

Doch sie hat ihm verziehen, weil sie immer deutlicher sah, dass die Gründe für sein Verhalten in der eigenen Kindheit lagen. Ihr Glaube an Gott hat ihr, die sie von zwölf deutschen Nonnen in ihrer Heimat Bolivien im Kloster aufgezogen wurde, dabei geholfen, den Mut nicht zu verlieren, sondern weiterzumachen und nicht aufzugeben. »Er hat sich ja im Grunde auch selbst sehr viel angetan. Wer so mit seinen Söhnen umgeht, hat sich auch selbst etwas genommen«, sagt sie aus heutiger Sicht.

*Alle Namen mit * wurden geändert.*

Als die Söhne 16 und 18 Jahre alt waren, entschied sie sich dafür, ihren Mann endgültig zu verlassen. Viele Jahre später fragte ihr Jüngster sie: »Ja, warum hast du dich nur nicht früher getrennt?« Da sie selbst ohne Vater und Mutter aufgewachsen war, hätte sie ihnen nicht die Familie nehmen wollen, antwortete sie. »Damit machst du uns aber ein schlechtes Gewissen«, erwiderte ihr Sohn prompt. »Damit, dass du dich für uns geopfert hast.« Dieses Gespräch gab ihr sehr zu denken. Sie hatte eine Zeit lang daran zu knabbern, bis sie Elias ihre frühere Lage noch einmal genauer erklären konnte: Sie habe einfach nicht gewusst, wo sie hingehen solle und auch nicht, welche Rechte sie auf ihrer Seite gehabt hätte.

Als sie dann schließlich auszog, wollte ihr Ältester den Vater nicht allein lassen und entschied sich, bei ihm zu bleiben. »Elias und ich haben eine neue Wohnung gefunden. Als alles fertig war, habe ich mich hingesetzt und nur geweint, weil ich so erleichtert war. Ich hörte keine Schimpfe mehr. So habe ich erst mal meine Freiheit beweint.« Trotz aller Schmähungen, die sie durch ihren früheren Mann erfahren musste, lag es ihr immer am Herzen, dass die Söhne den Vater nicht verachten und ihn weiterhin besuchen. Sie habe immer gewusst, dass eines Tages die Ehe vorbei sein würde: »Jeden Tag habe ich gedacht: Ein Tag weniger, wieder einer weniger und irgendwann ist alles vorbei.« Vorbei ist nun auch ihre Sorge, ob der Vater sich genügend um seine Söhne kümmert. »Wenn sie 16 sind«, hatte er ihr früher versprochen. Und inzwischen kümmert er sich mit viel Respekt.

Fazit:

- Eine Beziehung, die nicht auf Augenhöhe gelebt wird, kann auf Dauer nicht gut gehen.
- Kinder wollen meistens nicht, dass sich Mütter oder Väter für sie opfern, weil es ihnen die Verantwortung dafür aufbürdet.
- Kinder wünschen sich oft eher glücklich getrennte Eltern, als unglücklich zusammenlebende.

© Markus Bormann - Fotolia.com

»Die erste Trennung war überflüssig«

Zwei Scheidungen hat Malte Koch bereits hinter sich. Die erste hätte nicht sein müssen, sagt der Vater von drei Kindern (5, 14, 18) heute. Den fünfjährigen Oliver erzieht er allein und versucht, das mit seinem Job zu vereinbaren. Auf dessen Mutter, seine zweite Ex-Frau, könne er sich kaum verlassen. So sei es von Anfang an mit ihr gewesen.

Schon im zarten Alter von 21 Jahren, wie er es ausdrückt, sei er mit seiner ersten Ex-Frau zusammengekommen, die beiden Kinder zogen sie anfangs gemeinsam groß. »Wir waren ein eingespieltes Team«, erinnert er sich. Woran es lag, dass sie sich mit den Jahren auseinanderlebten, kann er nicht genau sagen. Der jüngere Sohn war gerade sieben Jahre alt, als sie sich zur Trennung entschieden. »Meine Frau warf mir vor, ich sei emotional entfernt von ihr, dabei war meine Sichtweise genau umgekehrt«, erzählt Malte. »Sie hatte sich urplötzlich von mir entfernt und auch noch ihr Herz an den Gitarrenlehrer verloren.« Mit dem sei sie heute noch zusammen. Immer wieder hat er sich gefragt, ob er zu schnell aufgegeben hat und stattdessen um sie hätte kämpfen sollen. Diese Trennung sei eigentlich überflüssig gewesen, deswegen wisse er gar nicht, ob er diesem Buchtitel »Mut zur Trennung« überhaupt Zuspruch schenken kann. Beide verstehen sich bis heute gut. »Den Kindern hat es natürlich wehgetan damals. Vielleicht lag es ja an meinem Job als Betriebsleiter, der einen täglichen Kampf darstellte. Sicher hat das auch dazu beigetragen«, blickt er zurück.

Immerhin haben sich beide sofort auf 50:50 geeinigt, was die Schuldfrage angeht – nach dem Motto: Wenn eine Beziehung schiefgeht, gehören immer zwei dazu. Wenn man das erkennt, könne man die Trennung relativ leicht durchleben. Bei gegenseitigen Anklagen würde es hingegen schwierig. »Man muss all das gar nicht so sehr aufrollen und ausführlich bereden. Sonst kann es doch schnell geschehen, dass man wieder in Vorwürfen landet«, findet Malte. Den Kindern haben sie ihre Entscheidung dann während eines Spaziergangs mitgeteilt. Sie sagten ihnen, Papa und Mama hätten sich nicht mehr lieb und Papa suche sich nun eine Wohnung. Die beiden hätten es recht natürlich genommen, und als ihnen auf dem Nachhauseweg der Freund aus der Nachbarschaft begegnete, liefen sie ihm gleich entgegen: »Mama und Papa haben sich getrennt.«

Um Abstand zu finden, reiste Malte dann bald eine Woche mit einem Freund nach Fuerteventura, wo er seine neue Partnerin kennenlernte.

Allerdings kam er mit ihr nicht sofort, sondern erst nach einer Weile zusammen. »Ich stand ganz schön unter psychischem Stress und hatte damals auch gesundheitliche Probleme bekommen.« Zunächst versuchte er es, doch noch einmal mit seiner Frau zusammenzukommen. Nach drei Wochen erkannten beide, dass es nicht mehr klappte und endgültig aus war. »Vielleicht hätte eine Eheberatung alles besser thematisieren können«, fragt er sich heute manches Mal.

In seine zweite Beziehung geriet er dann mehr oder weniger allzu unbekümmert und ohne weiter darüber nachzudenken, ob sie zueinander passten oder nicht: »Sie hieß Britta, war Hotelfachfrau und stammte ursprünglich aus Brandenburg, wo sie auch aufgewachsen war. Im Nachhinein erfuhr ich, dass sie so etwas wie das schwarze Schaf ihrer Familie ist. Aus heutiger Sicht frage ich mich, wie es überhaupt so weit mit uns kommen konnte«, blickt er zurück. Sie war 14 Jahre jünger als er, und er war noch frisch verliebt in sie, als ihn bereits insgeheim einige Ereignisse nachdenklicher stimmten. Sie habe mit einem Mann zusammengewohnt, den sie nicht einmal mochte und erzählte oft merkwürdige Geschichten, z. B., dass sie am Arbeitsplatz sexuell belästigt würde oder von Gewalttätigkeit. Das weckte seinen Beschützerinstinkt, erinnert sich Malte.

Emotional habe er sich hingegen von Anfang an von Britta unter Druck gesetzt gefühlt. Sie zog schon nach relativ kurzer Zeit einfach zu ihm. Nach einem dreiviertel Jahr eröffnete sie ihm, dass sie schwanger war. Nur kurze Zeit davor hatte sie ihre gerade begonnene, neue Ausbildung abgebrochen und wieder eine Anstellung als Hotelfachfrau angenommen. Für Malte war die Nachricht, dass er wieder Vater werden sollte, ein schwerer Schock. Seine Kinder aus erster Ehe lehnte Britta kategorisch ab. »Unsere Beziehung gestaltete sich immer schwieriger«, erzählt er. Sie war den ganzen Tag über zu Hause und ich im Job. Es zeigte sich schnell nach der Geburt, dass sie nicht einmal viel Interesse am eigenen Kind hatte. So war es Malte, der oft nachts aufstand und dem kleinen Oliver die Flasche gab. Brittas Familie hatte ihn bereits gewarnt, dass die junge Frau kein besonders belastbarer Mensch sei. Sie klagte über die laute Wohnung an einer Hauptstraße, sodass Malte ein ländlicher gelegenes Haus kaufte. Malte renovierte es in seiner Freizeit, manchmal sogar mit dem kleinen Sohn im Schlepptau. Britta ging gerne aus und mit der Zeit merkte er, dass sie es auch mit der Treue nicht so genau nahm. »Alles blieb an mir hängen und irgendwie entwickelte ich mich zu einer Art Eier legender Wollmilchsau«, blickt er zurück. Angetrieben habe ihn die ganze Zeit der Glaube, dass er wenigstens seine zweite Familie vielleicht noch bewahren könne. »Dabei hatte ich eigentlich längst gemerkt, dass das nicht klappte.«

Um unsere Beziehung zu retten und vor allem dem kleinen Sohn mehr Stabilität zu geben, machte er ihr dennoch einen Heiratsantrag, und sie heirateten, als Oliver ein Jahr alt war. »Ich habe sie geliebt, doch zugleich die Katastrophe gesehen.« Als sie in das neue Haus einzogen, fühlte er sich dem Burn-out nahe. Selbst im Urlaub kümmerte er sich ganz allein um Oliver. Wenn sie sich stritten, nahm sie keine Rücksicht auf das Kind, und einmal, als er von der Arbeit kam, erzählte sie auch, dass sie grob mit dem Kleinen umgegangen sei. »Das machst du nicht noch einmal«, warnte er sie. Dann auf einmal wollte sie die Trennung und verließ ihn und den Sohn. Zufällig entdeckte Malte nur kurze Zeit später auf ihrem Facebook-Profil, dass sie schon in einer neuen Beziehung war. Als er sie kürzlich danach gefragt hatte, hatte sie ihn offenbar angelogen.

Wie er all das verarbeitet hat, kann er heute gar nicht mehr genau sagen. Er versucht einfach, dem heute fünfjährigen Oliver ein guter Vater zu sein. Sie instrumentalisiert bis heute den gemeinsamen Sohn, um ihre Interessen durchzusetzen. »Was soll ich dagegen tun?«, fragt er sich immer wieder. Eins weiß er aber gewiss: »Die Beziehung mit meiner zweiten Frau ist definitiv vorbei.«

Fazit:

- Das 50:50-Prinzip geht davon aus, das jeder der getrennten Partner zur Hälfte für das Scheitern der Beziehung verantwortlich ist.
- Manchmal erkennt man, dass man eine Ehe zu leichtfertig beendet hat.
- Einer allein kann selbst durch größten Einsatz eine Beziehung nicht retten.

»Ich wollte auf keinen Fall, dass meine Kinder schlecht über ihren Vater denken«

Als ihr Ex-Mann sie zum ersten Mal betrog, war Carolina van der Viven gerade im vierten Monat schwanger, mit dem heute 20 Jahre alten Alexander. Genau wie dessen Schwester Katharina war auch dieser Familienzuwachs ein Wunschkind.*

Von Anfang an war das Zusammenziehen, die Heirat usw. nach Plan gelaufen. »Plötzlich ließ er diese Bombe platzen«, erinnert sich Carolina. Er erzählte ihr ohne Umschweife, dass er sich ernsthaft in eine andere verliebt hatte. Er habe außerdem keine Beziehung mehr zu dem ungeborenen Kind, ließ er sie weiterhin wissen. »Der Schock dieser Nachricht traf mich mit aller Wucht«, erinnert sie sich. Mehrere Wochen hatte sie das Gefühl, den Boden unter den Füßen zu verlieren. »Es war schon ein sehr tiefes Loch, in das ich fiel, mit sehr viel Wut und Traurigkeit«, sagt sie heute. Fünf Jahre war das Paar zusammengewesen. »Wie kann er mich gerade jetzt in dieser Situation allein lassen?«, fragte sich die junge Mutter immer wieder. Die eigene, innere Stärke und der Gedanke an ihre beiden Kinder, eines davon ungeboren, habe ihr wohl vor allem dabei geholfen, wieder nach vorn zu blicken. Das Wichtigste war es jetzt, das eigene Leben wieder in die Hand zu nehmen. Das wurde ihr nach Wochen der Verzweiflung klar. »Von Natur aus bin ich ein in sich ruhender und stabiler Mensch«, erzählt sie. Diese Mentalität sei ihr wohl während der Krise zugute gekommen. Ein Umzug, noch während der Schwangerschaft, half ihr, den Fokus wieder auf ihre eigene Zukunft mit den Kindern zu richten. Der Gedanke an ihr neues Zuhause gab ihr wieder Energie, die sie in dieser Zeit so dringend brauchte. Sie stürzte sich in die Umzugsarbeiten: »Ich sehe mich noch mit der Trage auf dem Babybauch den Keller ausräumen und Gardinen färben. Ich bekam einen regelrechten kreativen Schub und habe mich nicht mehr ganz so ohnmächtig gefühlt. Jetzt erst recht«, sagte sie sich und plante die Zukunft für sich und ihre Kinder, die sie nun glaubte, ohne ihren Mann verbringen zu müssen. Was sie damals noch nicht wusste war, dass die Geschichte mit ihm noch nicht beendet war.

Nach ein paar Wochen stand der Mann, der sie abrupt verlassen hatte, wieder vor der Tür. Es sei aus mit der anderen, gestand er ihr. Den Kontakt zur Familie hatte er auch während der Trennung aufrechterhalten, indem er sich um seine Tochter Katharina kümmerte. Als er zurückkehrte, kamen beide Eltern darin überein, dass sie nun zusammen einen Geburtsvorbereitungskurs besuchen sollten. »Ich wollte ihn ja nicht aus der Vaterschaft entlassen«, sagt Carolina. Und außerdem habe sie ihn damals noch als ihren Mann zurückhaben wollen. »Wir haben immer schon gut miteinander reden können und sind wohl beide immer auf der Suche nach etwas gewesen. Das hat uns von Anfang an verbunden. Allerdings haben wir sexuell nicht so gut zusammengepasst.« Das war ebenfalls von Anfang an klar. »Sie soll die Mutter meiner Kinder werden«, hatte er ihr vor Jahren gesagt. »Und das habe ich immer als riesige Liebeserklärung betrachtet«, betont Carolina. Nachdem er wieder zur Mutter seiner Kinder zurückgefunden hatte, stürzte sich das junge Paar mit Feuereifer in das Familienleben mit zwei kleinen Kindern. Zeit für Gedanken rund um das Paarleben blieb kaum – wie so typisch für diese Phase. Carolina traute wieder dem Familenleben. Nur zwei Jahre vergingen, bis er ihr erneute Untreue eröffnete und dass er eine andere Frau liebe. »Es war zwar nicht so bodenlos wie beim ersten Mal«, sagt sie heute, doch nahm sie es beim zweiten Mal nicht so gelassen. »Beim ersten Mal hatte ich mir gesagt: Naja, was soll er machen, er hat sich eben verliebt«, erzählt sie. Doch nun dachte sie, dass er ihr das nicht noch einmal hätte antun sollen. Für sie war es nun klar, dass es endgültig vorbei war. Ihr gemeinsamer Sohn Marian war inzwischen dreieinhalb Jahre alt. Ihr wurde klar, dass sie sich unbewusst einen Partner ausgesucht hatte, der sprunghaft ist und immer wieder weggeht. Aus ihrer Kindheit kannte sie derartige Situationen nur zu gut. »Trennungen von geliebten Menschen haben sich bei mir seit der Geburt ereignet.« Ihren Frieden mit diesem Schicksal fand sie vor allem darin, dass sie all diese Ereignisse mit der Zeit als eine riesige Möglichkeit für die eigene Entwicklung betrachten konnte. »Wieder verlassen zu werden, konnte mich an den alten, tiefen Schmerz heranführen, damit er endlich geheilt werden konnte«, glaubt sie. Im Nachhinein stellte sich auch heraus, dass er sie noch mit anderen Frauen betrogen hatte. »Es war eine schmerzliche Zeit – Zeit, um wirklich in die Tiefe zu gehen, zu schauen, woher meine Verwundungen kommen.« Daraus habe sie ihre heutige Kraft entwickelt.

So setzte sie in den Jahren danach vor allem auf ihre eigene Unabhängigkeit. Zum Glück war sie als Lehrerin finanziell unabhängig. »Dieser Beruf bedeutet mir sehr viel und hat mir damals geholfen durchzuhalten. Manchmal bin ich weinend mit dem Fahrrad zur Schule gefahren, wenn ich dann aber vor der Klasse stand, war es vorbei und ich habe nur gearbeitet.«

Der Blick auf ihre Kinder habe ihr Mut gegeben. »Ich wollte auf keinen Fall, dass meine Kinder schlecht über ihren Vater denken.« So habe es auch die eigene Mutter früher gehalten. Er sollte als Vater weiter fester Bestandteil im Leben der Kinder sein. Jeden Morgen kam er, um seine Tochter zur Schule zu fahren. Carolina merkte mit der Zeit, dass sie ihn als

*Alle Namen mit * wurden geändert.*

Freund nicht verlieren wollte: »Er ist immer ein ganz wichtiger Mensch gewesen, den ich sehr schätzte. Mir war ja klar, wie sehr er selbst in sich gefangen war.« Während einer Therapie dachte sie viel über Schuld und Verzeihen nach: »Ich war mir nicht sicher, ob ich ihm überhaupt etwas zu verzeihen hatte. Denn auf einer anderen Ebene gebe es nichts zu verzeihen. Wir sind alle nur Schicksalsgehilfen und der andere erfährt ja auch Leid«, ist sie überzeugt. Nein, ein idealer Vater sei er wohl bis heute nie gewesen. Immer habe er Probleme gehabt, sich fest zu binden. Er verließ sich darauf, dass sie als Mutter schon spontan einspringen würde, wenn es ihm mit Sohn und Tochter zu viel wurde und er seine Kinder früher als vereinbart zurückbringen wollte. Auch in den Urlaub sei er nie mit den beiden gefahren. Carolina war es, die in der Familie für Stabilität zuständig war.

Nach der Trennung entwickelte er sich zum Alkoholiker und bekam vor drei Jahren Krebs. Genau am 18. Geburtstag von Marian hat er wieder geheiratet. Er dürfe seine Kinder nicht mehr sehen, verlangte die neue Frau, und er hat eingewilligt. »Manchmal bin ich noch wütend und will ihn spontan anrufen und ihm meine Meinung sagen. Er ist der Vater meiner Kinder, und ich liebe ihn immer noch, wenn auch nicht als Partner. Darüber hinaus muss ich vor allem auf mich selbst achten und meine eigene Integrität stärken. Es ist gut, aus dem Herzen heraus zu handeln, das ist die einzige Grundlage, alles zu verwandeln. Es gibt nichts anderes, was wir tun können.«

Fazit

- Schmerzliche Lebensphasen können dazu dienen, in die Tiefe zu gehen, um zu erkennen, woher die Verletzungen ursprünglich stammen.
- Schon der Blick auf die Kinder kann sehr viel Mut geben.
- Sein Heim neu gestalten, Keller und die Schränke ausmisten und Möbel einmal anders arrangieren, kann – ob in alter oder neuer Wohnung – einen spürbaren Energieschub versetzen und Lust auf das Leben nach der Trennung wecken.

Wochenweise mit dem »Doppelresidenz-Modell«

Seine beiden Söhne (9 und 7) bestimmen seit der Trennung Jörg Kampers Privatleben. Über die Einsamkeit, die er ohne seine Partnerin oft empfunden hat, haben dem selbstständigen IT-Fachmann vor allem andere Alleinerziehende hinweggeholfen.

Das Familienleben war bereits seit Langem auf der Strecke geblieben. Dann gestand ihm seine Ex-Frau, dass sie sich in einen anderen verliebt hatte. Ein Jahr lebten beide noch zusammen, bis die Mutter seiner Kinder auszog. Zwei Jahre ist das jetzt her. Eine anstrengende Zeit, in der beide wussten, dass es kein Zurück mehr für das Paar gab, es war aus. Nach einem halben Jahr erzählte er den Söhnen von der Trennung der Eltern. Sie nahmen es erstaunlich gelassen. Für Jörg Kampers bedeutete die Trennung hingegen eine Erschütterung, von der er sich nur langsam wieder erholte. Mit den Söhnen Leonard und Samuel lebt er inzwischen das »Doppelresidenz-Modell«, wie er sich ausdrückt. Eine Woche verbringen sie bei ihm und eine bei der Mutter. »Kinder aus getrennten Familien brauchen den Kontakt zu beiden Eltern«, sagt er aus Überzeugung. Sogar nach Thailand, der Heimat seiner Ex-Frau, ließ er die Söhne mit ihrer Mutter reisen, wenn auch mit gemischten Gefühlen. »Die Kinder sollten ihre Großeltern sehen, obwohl ich damals eine Weile befürchtete, sie könne einfach dableiben und mir die Kinder entziehen«, blickt er zurück. Leicht sei ihm das nicht gefallen. Doch er halte es für besonders wichtig, als getrennte Eltern über den eigenen Schatten zu springen und von der, gerade nach einer Trennung oft so konfliktreichen Paarebene wegzukommen. »Damit man als Eltern zum Wohle der Kinder gut zusammenarbeiten kann, muss man vor allem sehr vorsichtig sein und persönliche Emotionen und Animositäten ablegen«, sagt er. »Die Kinder dürfen nach der Trennung ihrer Eltern nicht zum Spielball gekränkter Gefühle werden und dadurch in Loyalitätskonflikte geraten.«

Ansonsten seien Kinder, ob aus Trennungsfamilien oder nicht, gut darin, ihre Eltern gegeneinander auszuspielen. Darum ist er von Anfang an ehrlich zu den beiden gewesen. »Ich rede immer wieder mit ihnen über die Trennung, wenn sie es wollen.« Als schwierig hat er es in der ersten Zeit erlebt, die Kinder allein bei ihrer Mutter zu lassen. Doch ihm war klar, dass er, wenn sie bei ihr sind, keinen Einfluss mehr auf die beiden Söhne hat. »Man muss letztendlich an den Punkt kommen, an dem man sagt: Wenn die Kinder beim anderen Elternteil sind und der hat einen neuen Partner, dann sind sie halt dort. Sie werden nun dort betreut und ich habe damit nichts zu tun.« Es ist natürlich wichtig, ein waches Auge zu haben, ob es den Kindern gut geht und sich um sie gekümmert wird. Am

Anfang ist man skeptisch und traut es dem Partner nicht zu. Wenn man dann irgendwann angefangen hat, dieses Vertrauen aufzubauen und positiv zu denken, geht es auch den Kindern dabei gut. Dadurch fällt es einem auch immer wieder leichter. Das ist die Kunst. Man muss Geduld beweisen und auch eine gewisse Zuversicht zeigen.« Die Mutter seiner Kinder sieht er als nicht besonders verantwortungsvolle Person, doch zugleich weiß er, dass er subjektiv ist. Sie ist und bleibt die Mutter der Kinder. Den Weg dorthin hat er in verschiedenen Phasen erlebt: »Am Anfang war ich sehr skeptisch und hatte Schwierigkeiten loszulassen«, erinnert er sich. »Doch dann veränderte es sich mit der Zeit.« Für Jörg Kampers war es nicht leicht, seine Ex-Frau gehen zu lassen, nachdem sie sich entschieden hatte, mit einem anderen Mann zusammenzuleben. Eine Zeit lang feierten sie noch alle den Heiligabend zusammen. Mehr und mehr eroberte sich Jörg Kampers jedoch ein eigenständiges Privatleben. Das Zusammensein mit anderen, in Singlegruppen oder Alleinerziehendentreffs, hat ihm dabei geholfen, erzählt er. Dort habe er sich sehr engagiert und bei der Organisation von Freizeitaktivitäten mitgewirkt. Gemeinsame Fahrten ans Ijsselmeer mit der Gruppe, die aus Erwachsenen und Kindern bestand, stellte er auf die Beine. Das hat ihn abgelenkt, und die Fahrten trugen dazu bei, dass er wieder zu sich selbst fand. »Es hat mir wohl über die Trennung geholfen, dass ich dort ‚der Macher' sein konnte«, lacht er. Auch die Folgen eines Unfalls, nachdem die Mutter seiner Kinder ihn verlassen hatte, hatten ihm direkt nach der Trennung das Leben schwergemacht. Er stolperte im Treppenhaus und zog sich dabei einen komplizierten Oberschenkelhalsbruch zu. »Doch das hatte auch sein Gutes«, sagt er im Nachhinein. »Da ich viele Wochen krankgeschrieben war, gab es mir Gelegenheit, über alles, was geschehen war, nachzudenken.«

Gute Erlebnisse sind das, worauf er künftig setzen will. Und auch der Gedanke an eine neue Partnerin verschafft sich mehr und mehr Gehör. »Doch ich habe nicht vor, auf die ‚Jagd' zu gehen. Es wird sich schon ergeben«, ist er überzeugt. Am wichtigsten sind ihm erst einmal die Kinder. Und außerdem möchte er endlich seinen Traum realisieren und Fotograf werden.

Fazit

- Für das Wohl der Kinder ist es wichtig, dass sich Eltern von der Paarebene verabschieden.
- Vertrauen Sie dem Ex-Partner in seiner Art des Umgangs mit dem Kind und mischen sich nicht ein.
- Kontakt mit Gleichgesinnten (zum Beispiel Alleinerziehendentreffs) hilft auf dem Weg in ein neues Leben.

»Gehe nicht mit den gleichen Waffen in den Kampf«

Die Erkenntnis, dass es ihren Ex-Partner nicht interessierte, wie es ihr und den Kindern zumute war, wuchs langsam, aber stetig. Die vielen Anzeichen aus ihrem langjährigen Zusammenleben hatte sie vielleicht ignoriert, weil Anne Mandel der Familie mit den Kindern Georg (19) und Eva (17) nicht schaden wollte.*

»Mein Ex-Mann wollte immer alles erzwingen und seinen eigenen Willen durchsetzen«, blickt die Sozialpädagogin auf ihre Ehe zurück. Besonders drastisch aufgefallen war es ihr wohl, als die Tochter, die durch eine angeborene Krankheit etliche Operationen durchstehen musste, wieder einmal vor einem Klinikaufenthalt stand. »Da wollte er unbedingt eine Reise nur für sich und mich, einen Urlaub in Madrid, buchen, damit er etwas habe, worauf er sich freuen könne.« Plötzlich begann Anne ihm mehr und mehr übel zu nehmen, wie viel Druck er dadurch auf sie und die Kinder ausübte, denn im Klartext hieß das für die Tochter, sie müsse in sechs Wochen wieder fit sein. Ihr selbst hätte der Sinn, nach all der Sorge um die Tochter, eher nach einem gemeinsamen Familienurlaub gestanden.

Schon als Georg geboren wurde, hatte sie eine gewisse Eifersucht bei seinem Vater bemerkt, die er auch freimütig zur Schau stellte: »Wenn der 18 ist, muss er ausziehen«, hatte er gesagt und es hatte ernst geklungen. Bei dem Paar herrschte in den ersten Jahren eine eher traditionelle Aufteilung. Er verdiente das Geld und sie war nicht nur für Haushalt, Mahlzeiten und Kinder, sondern auch für alles Emotionale zuständig. »Er machte gerne einen auf cool und zeigte sich oft zynisch, sogar den Kindern gegenüber«, blickt sie zurück. Über ihre weichere Art habe er sich sehr oft lustig gemacht. Das Fass zum Überlaufen brachte es vielleicht auch, dass er den Sohn mit 17 Jahren überredete, ein Jahr auf einer amerikanischen Highschool zu verbringen. Und das, obwohl er genau wusste, dass Anne gerade in dieser Zeit, als die Krankheit der Tochter für viel Anspannung und Bekümmerung sorgte, die Familie am liebsten beisammenhalten wollte und sich sorgte, sie würde die Trennung emotional nicht bewältigen. Georg wollte erst gar nicht, doch wie so oft setzte sich der Vater durch. »Du stehst dem Glück deines Sohnes im Wege«, hatte er sie gerügt. Es tat weh, mehr und mehr zu erkennen, wie wenig sie in seinen Augen zählte.

Auf einmal habe sie gespürt, dass ihr das Haus zu eng wurde, sobald er ebenfalls zu Hause war. Sie konnte kaum noch essen und fühlte sich extrem eingeengt, und ihr wurde mehr und mehr klar, wie sehr er sie durch sein Verhalten demütigte. Kurz bevor der Sohn dann in sein Austauschjahr aufbrechen sollte, traf sie die Entscheidung, dass es so nicht weitergehen könne und sie sich trennen sollten. »Ich habe endlich hingucken müssen«, sagt sie heute. »Es war Freitagabend und ich saß mit den Kindern auf dem Sofa, während er in der ersten Etage mit einem Computerspiel beschäftigt war.« Dann hat sie ihn gerufen und es ihm gesagt. »Wie sollen wir das jetzt operativ machen?«, war seine spontane Antwort. Als es dann endlich komplett zu ihm durchgedrungen sei, dass sie es ernst meinte, habe er geweint und vor den Kindern zu ihr gesagt: »Du bist die Täterin, du machst unsere Familie kaputt.« Doch Anne wusste, dass sie nun nicht mehr zurückgehen würde, egal, wie viel Druck der Vater ihrer Kinder auch auf sie ausüben würde. »Es war der Schritt in meine eigene Unversehrtheit«, hebt sie hervor. So sagte sie ihm, wie leid es ihr tue, doch dass sie in all den Jahren nicht von ihm erfahren habe, wer er überhaupt sei und was er fühle. Sie entschlossen sich noch für eine Paartherapie und er ging allein den Jakobsweg. Doch da hatte er sich schon mit einer anderen Frau eingelassen. Er sei verliebt, erzählte er ihr freudestrahlend.

Die Neue habe vier Kinder und alles laufe prima. Anne fiel zuerst in ein tiefes Loch und bekam Panikattacken, als er bei der anderen war. Tochter Eva holte ihn zur Hilfe herbei. Dann zog er für zwei Monate aus und hörte auf zu arbeiten. Eine Abfindung half ihm, sich finanziell über Wasser zu halten. »In dieser Zeit kam er jeden Tag zum Frühstück und wusste überhaupt nichts mit sich anzufangen«, erinnert sich Anne. »Es war keine Trennung.« Auf eine Stelle im sechs Stunden entfernten Berlin wollte er sich nur unter der Bedingung bewerben, dass sie an den Wochenenden weiterhin gemeinsam als Familie leben würden. Mit der neuen Frau war es schon wieder vorbei. Dann ging es der Tochter auch psychisch sehr schlecht. Per E-Mail hatte sie sich der Mutter anvertraut, dass sie glaubte, depressiv zu sein und nicht mehr leben zu wollen. Anne fühlte sich einmal mehr mit der Sorge um ihr Kind alleingelassen. Anne hatte wegen der Krankheit ihrer Tochter, bei der mit 13 Jahren die Gefahr diagnostiziert wurde, sie könne womöglich im Rollstuhl landen, schon sehr viel mitmachen müssen. Statt ihr auch als Vater zur Seite zu stehen, erzählte Annes Ex-Mann Tochter und Sohn, dass nur die Mutter an der Misere der Familie schuld sei. »Nun wollte er allein das Haus für die Kinder halten und erzählte überall, er sei der einzige, der ihnen Stabilität bieten könne.« Eva und Georg hatten sich auf ihre Art schon vorher aus dem Dilemma, sich entscheiden zu müssen, entzogen. »Wir gehen

*Alle Namen mit * wurden geändert.*

zu niemandem«, hatten sie gesagt. Ein Gespräch mit ihrem Bruder half Anne dann, dass es für alle wohl am besten wäre, wenn sie ausziehe: »Gehe nicht mit den gleichen Waffen in den Kampf wie er«, hatte er ihr geraten. »Du kannst diesen Kampf nicht gewinnen.« So zog sie zunächst bei einer Freundin ein, bis sie ihre eigene Wohnung fand. Niemals hätte sie gedacht, dass sie einmal ohne ihre Kinder leben würde. »Es war eine unglaublich schwere Zeit«, sagt sie. Die Kinder seien nach wie vor beim Vater viel Druck ausgesetzt, doch sie haben immer gesagt, sie bleiben im Haus. Für die Zukunft wünscht sich Anne vor allem, dass sich die Kinder mehr und mehr aus diesem Dilemma befreien werden. Außerdem wünscht sie sich, ihr eigener Kontakt mit ihnen würde mit der Zeit leichter werden.

Trotz aller Probleme steht sie zu ihrer Entscheidung und fühlt sich im Vergleich zu ihrem früheren Leben gestärkt. »Das ist wirklich großartig jetzt, wie ein inneres Aufrichten«, sagt sie. Auch einen neuen Partner habe sie inzwischen gefunden. Sie genießt es, einfach so sein zu dürfen, wie sie ist, ohne Wenn und Aber. »Das Wichtigste ist es, einfach zu leben. Durch Tränen wird der Blick auch klar.«

Anderen Frauen würde sie wünschen, dass sie nicht so blauäugig wie sie in eine Ehe geraten und die vertragliche Seite losgelöst von der romantischen betrachten. »Selbst studierte Frauen geraten so oft in eine ökonomische Abhängigkeit. Sie haben alles aufgegeben und nun geht es nur noch darum, dass die Kinder im ‚richtigen' Verein sind und das ‚richtige' Instrument spielen. Sie sollen dann die Träume ihrer Mütter erfüllen.«

Fazit

- Eine Trennung kann auch eine Befreiung sein.
- Durch Tränen wird der Blick klar.
- Frauen geraten, selbst wenn sie studiert haben, leichter in finanzielle Abhängigkeit. Das rächt sich nach einer Trennung.

»Ich wollte ein emanzipierter Mann sein«

Über seinen Bruder hatte der Fotograf Bela Bertram seine spätere Frau Milena kennengelernt. Damals waren sie beide noch Studenten, und er wohnte 600 Kilometer entfernt von Milena. Ein Jahr überbrückten beide diese Distanz, bis sie sich entschieden, zusammenzuziehen. Die Distanz, die jedoch mit den Jahren zwischen ihnen wuchs, ließ sich eines Tages nicht mehr überwinden. Nach 13 Jahren des Zusammenseins entschloss sich Bela schweren Herzens, seine Frau zu verlassen.*

Es war wohl diese gewaltige Sprachlosigkeit und eine merkwürdige Fremdheit, die Bela eines Tages bewog, seine Ehe zu beenden. Eine Entscheidung, die lange brauchte, um in ihm zu reifen. »Ich fragte mich lange, ob ich vielleicht selbst nicht genug in die Beziehung investiert hatte«, erinnert sich Bela an die letzten Jahre ihres Zusammenlebens. Dabei engagierte er sich doch zu Hause mehr als die meisten anderen Männer und Familienväter in diesem Land. Als Freiberufler führte er, seit sie zusammenwohnten, mehr oder weniger den Haushalt. Nachdem Tochter Linda geboren wurde, übernahm er auch ihre Betreuung – tagaus, tagein. »Ich wollte ein emanzipierter Mann sein, der sich ebenfalls um Haushalt und Kind kümmert«, sagt er. Doch insgeheim hatte er sich schon ein wenig gewundert, wie leichtherzig Milena nach dem Mutterschutz wieder in die renommierte Kanzlei in der Altstadt an ihren Arbeitsplatz zurückgekehrt war, wo sie sich überwiegend mit strittigen Familien- und Erbschaftsfragen auseinandersetzen musste. »Die Trennung von der Tochter schien ihr nicht viel auszumachen, jedenfalls ließ sie es sich nicht anmerken«, erzählt Bela.

Als Paar waren sie wohl eher nicht repräsentativ, waren doch bei ihnen die Rollen auf den Kopf gestellt: Milena trug den Bärenanteil am gemeinsamen, überdurchschnittlich hohen Einkommen bei. Bela bedeutete das weniger als ihr. Auf Stil und Status hatte sie immer schon besonders viel Wert gelegt. Vielleicht, weil sie in ihrer Jugend die existenziellen Nöte ihrer alleinerziehenden Mutter erlebt hatte. Zwar hatte auch Bela einen Sinn für Ästhetik, nur war er nicht bereit, zig Überstunden in der Woche zu leisten und sein Privatleben und die Zeit mit Tochter Linda dafür aufzugeben. »Mir ging es darum, möglichst viel Familienzeit zu verbringen und das Zusammensein zu genießen.«

Gesprochen hatten beide nie darüber. Wenn er es versuchte, blockte sie ab und wechselte das Thema. Ihr Leben hatte sich so ergeben, als Milena gleich nach dem Studium das Jobangebot als Anwältin bekam.

Bela hatte sich schon nach ein paar Jahren insgeheim oft um Milenas Gesundheit gesorgt und sie gebeten, doch mehr auf sich selbst achtzugeben, um mehr Ausgleich und Entspannung von ihrem anstrengenden Berufsleben zu finden. »Du hast keine Ahnung von der Realität«, sagte sie dann gerne. Bela fand, es klang überheblich. Sie schien seine Arbeit als Fotograf, bei der er bereits als Student viel Anerkennung und später gute Aufträge erhalten hatte, nicht übermäßig ernst zu nehmen. Fotografen schienen in ihren Augen Träumer und Idealisten zu sein.

Dabei hatte sie selbst früher gerne gemalt und Querflöte gespielt, doch damit hatte sie schon lange aufgehört. Sie war schon damals im ersten Semester eine Karrierefrau wie aus dem Bilderbuch gewesen: attraktiv, ehrgeizig und hochbegabt, besonders in analytischen Dingen, und so absolvierte sie ihr Jurastudium mit Auszeichnung. Nur sie selbst schien von Anfang an gar nicht zu merken, was sie tatsächlich beruflich so alles leistete. »Sie hatte immer Angst, es würde nicht ausreichen, was sie tat«, erinnert er sich. Eine Nervosität, die für Bela unverständlich und oft schwer auszuhalten war, hinderte sie selbst an den Wochenenden, sich einmal zu entspannen. Sie strahlte Ruhelosigkeit aus und unterbrach Bela immer häufiger mitten im Satz, falls sie miteinander sprachen. Wie selten war es vorgekommen, dass sie es sich mit ihm und Linda einfach mal in ihrem Haus mit Garten, am Rande der Stadt, hätten gutgehen lassen. Jede Minute hatte sie effektiv nutzen wollen. Und die Anforderungen des Berufslebens als Rechtsanwältin schaffte sie in ihrer knappen Freizeit kaum abzuschütteln. Bela hatte mit den Jahren gezweifelt, ob sie überhaupt wollte, was ihm so natürlich erschien: eine angemessene Freizeit. »Sie war wohl ein Workaholic«, wurde Bela mit der Zeit klar. An den Abenden hatte sie oft mit schweren Aktenordnern auf dem Sofa neben ihm gesessen. Es brauchte lange, bis Bela, der selbst aus einer Scheidungsfamilie stammte, erkannte, wie sehr ihm diese Art des Zusammenlebens widersprach.

So sehr sie auch an der Güte der eigenen Leistung zweifelte, die nie zu genügen schien, so war sie doch der Meinung, er, Bela, solle stolz und zufrieden sein, mit einer Frau wie ihr verheiratet zu sein. Er aber hatte sich vor allem eine harmonische Familie gewünscht. Er war nun mal ein Gefühlsmensch. Zwar liebte er auch seine Arbeit, doch nie hätte er es so weit kommen lassen, alles andere dafür aufzugeben. Außerdem sei die Zeit ohnehin reif, dass sich die Väter stärker mit der Kindererziehung befassten, fand er. Dagegen hatte er nie etwas einzuwenden gehabt. Tochter Linda kannte es nicht anders. Sie war eine echte Vatertochter, was Bela nicht weiter verwunderte. Meist schlief sie schon, wenn Milena in der Woche abends nach 20 Uhr nach Hause zurückkehrte. An den Wochenenden schlug Milena meist schon früh am Morgen vor, etwas zu unternehmen, am liebsten mit dem Fahrrad. Bela: »Diese Ausflüge hatten etwas Gehetztes, der Druck färbte auf Linda und mich ab.« Irgendwie tat ihm Milena auch leid. Denn er hatte schon in Studentenzeiten ihre innere Unausgeglichenheit gespürt und hätte ihr so gerne dabei geholfen, mehr Balance zu finden. Mit den Jahren wurde ihm klar, dass er vielleicht an einer Art »Helfersyndrom« litt. Das konnte dauerhaft doch nicht seine Aufgabe sein. So hoffte er all die Jahre, Milena würde eines Tages zufriedener sein, aufhören zu klagen und mehr auf sich und die Familie achten. Oft zeigte sie sich unzufrieden in ihrer knappen, gemeinsamen Freizeit. »Ich bin kaputt«, hatte sie über die Abende wiederholt wie ein Mantra. Bela erkannte mit der Zeit, dass sie längst nicht mehr zusammenpassten. Als Studenten hatten sie es einmal gut miteinander gehabt, doch nun war ihre Zeit offenbar abgelaufen, so sehr diese Erkenntnis Bela auch schmerzte.

Den Initialfunken zur Trennung hatte ihm schließlich irgendwie sein bester Freund Marcel gegeben. Er hatte zwei Töchter im gleichen Alter wie Linda, war Franzose und trug sein Herz auf der Zunge. Bela hatte Marcel in einem Spielkreis kennengelernt, den beide als die einzigen Väter besuchten, als die Mädchen rund zwei Jahre alt waren. »Seit ich dich kenne, bist du unzufrieden mit deiner Ehe und versuchst, sie zu ändern«, sagte Marcel ihm eines Abends, als sie mal wieder ein Bier zusammen tranken. Dieser Satz wirkte nach und ging Bela nicht mehr aus dem Kopf. Marcel hatte ja Recht. Und sie kannten sich bereits sechs Jahre. Was für ein trauriges, hoffnungsloses Unterfangen! Seit so langer Zeit lebte er, ein eigentlich lebensfroher und ausgeglichener Mann um die 40, neben einer Frau, die ihm immer fremder wurde. Liebte er sie noch?, hatte er sich damals gefragt. Doch eine Antwort wollte sich nicht einstellen. Wie lange hatte er eigentlich auch sozial sein eigenes Leben? Auf dem Gebiet war Milena toleranter als andere Frauen. Es störte sie nicht, wenn er die Wochenenden mit Linda in Berlin, zusammen mit guten Freunden und deren Kindern, ohne sie verbrachte. Nach dem, was Marcel zu ihm beim Bier gesagt hatte, kam es ihm auf einmal eher gleichgültig als großzügig vor. Das nagende Gefühl wuchs und verschaffte sich immer mehr Gehör. Wenn er seine Selbstachtung nicht verlieren wollte, musste er ein Ende finden und Milena verlassen.

Als er es ihr endlich sagte, reagierte sie kaum und sprach in den anstrengenden Wochen danach entweder gar nicht oder mit Schuldzuweisungen zu ihm. »Du wirst sehen, was du davon hast«, sagte sie etwa, oder: »Wenn du wüsstest, wie viele Männer mich haben wollen.« Wie wenig sie ihn doch in Wirklichkeit kannte. Nach der Trennung hoffte er, sie könnten, und wenn auch nur Linda zuliebe, eines Tages Freunde werden. Immerhin entspannte sich ihr Verhältnis mit den Jahren etwas. Für

Bela sitzen sie als Eltern immer noch in einem Boot. Linda hat seit der Trennung sogar einen intensiveren Kontakt zu ihrer Mutter als jemals zuvor. Sie kam überraschend gut damit klar, nicht mehr ständig mit ihrer Mutter zusammenzuleben. Vielleicht, weil sie diese ohnehin auch früher nie besonders lange gesehen hatte. Linda war von Anfang an gewohnt, dass ihr Vater der Lebensmittelpunkt war. Viele Jahre liegt die Zeit der Trennung nun zurück. Bereut hat Bela den Schritt in die Aufrichtigkeit sich selbst und anderen gegenüber nie. »Das eigene Herz lässt sich auf Dauer nicht belügen«, sagt er heute.

Fazit

- Wenn einer der Partner nur noch für die Arbeit lebt, gerät eine Ehe automatisch in Schieflage.
- Eine Trennung kann der richtige Schritt für die eigene Selbstachtung sein.
- Das eigene Herz lässt sich auf Dauer nicht belügen.

*Alle Namen mit * wurden geändert.*

© Marcus Taeschner

Teil 3

Interviews mit Fachleuten

© tan4ikk - Fotolia.com

Trennungswegweiser: Die eigene Kompetenz stärken

Auch die Wissenschaft bringt neue Erkenntnisse zum Thema Trennung. Die folgenden Interviews mit Fachleuten sollen dazu dienen, Ihnen den Rücken zu stärken und Ihnen Mut zu machen, Ihren eigenen Weg in eine glücklichere Zukunft zu finden.

Gespräch mit dem Psychologen Wilfried Nelles

Warum fällt es den meisten so schwer, eine Trennung, ganz besonders vom Ehepartner, zu erleben?

Trennung ist ja ein Sterben, ein Tod. Es bedeutet den Tod der Beziehung und das Ende aller Träume und Vorstellungen. Wenn man ernsthaft eine Ehe eingeht, tut man das mit der Vorstellung »für immer«. Der Gedanke, versagt zu haben, ist vielleicht bei dem, der geht, noch größer als beim anderen. Derjenige, der verlassen wird, kann sich in Unschuld wähnen. Das ist zwar Selbstbetrug, denn keiner ist unschuldig, keiner schuldig, aber meist fühlt es sich trotzdem so an. Wir neigen heutzutage dazu, unser Leben als Projekt zu betrachten. Wenn das Projekt nicht funktioniert, dann sind wir gescheitert. Dann muss einer schuldig sein.

Wir glauben, wir können unser Leben entwerfen und es dann, wie geplant, leben. Unser Leben ist aber von vornherein kein Projekt. Es ist etwas, das einem geschieht. Wenn ich mich verliebe, ist es etwas, das mir geschieht. Ich bin nicht dafür zuständig. Auch habe ich weder mich noch meine Eltern und die Umstände, in die ich hineingeboren wurde, bestimmt. Nichts davon haben wir geplant, nichts können wir machen. Es ist also gar kein Projekt.

Und das gilt auch für Beziehungen. Mir kommt eine Frau entgegen und es passiert etwas in zwei Leuten, die sich begegnen, was für beide überraschend ist und was sie nicht geplant haben. Wenn sie es geplant haben und jemand es strategisch macht, dann versucht er vielleicht an jemandes Geld zu kommen oder so. Mich in jemanden verlieben, das kann ich nicht »machen«. Wenn ich das verstanden habe, dann sehe ich auch die Trennung in einem anderen Licht, denn dann ist es auch etwas, was uns geschieht. Dann ist dieses ganze »Wer ist schuld?« und »Wer hat versagt?« nicht mehr relevant.

Was halten Sie als Psychologe denn eigentlich von Paartherapien, um eine Beziehung in der Krise zu retten?

Wenn jemand mit der Haltung zu mir kommt, die Ehe wieder zu fixen, dann stelle ich das erst einmal infrage. Das ist mein Job. Eine Paarberatung kann dabei helfen, etwas zu heilen und einen Blick auf eine tiefere Wirklichkeit zu werfen, die vielleicht sonst verborgen bliebe. Und vielleicht etwas zu sehen, was das Paar in dem, was geschehen ist, übersehen hat. Meine Standardfrage ist: Liebst du ihn/sie immer noch? Wenn sie dann anfangen zu stottern, sage ich: Diese Frage kann man mit einem Wort beantworten. Sie ist bedeutsam. Wenn einer dann »Ja« sagt, dann weiß er z. B., dass er sich nicht aus dem Staub machen kann. Wenn jemand »Nein« sagt, hat das auch Konsequenzen. Sehr viele sagen »Weiß nicht«, doch so etwas weiß man immer. Sie wissen es nur so lange nicht, wie sie im Kopf sind. Dann sage ich: »Aber dein Herz weiß es.«

Viele Menschen sind der Meinung, es sei allzu egozentrisch, sich mit den eigenen Belangen und Gefühlen zu befassen und trennen sich daher nicht. Wie sehen Sie das?

Hier muss ich etwas ausholen: Eine Ehe war früher eine Notwendigkeit, ökonomisch und sozial. Heute ist »alleinerziehend« fast ein Ehrentitel. Diese Frauen reklamieren aus meiner Sicht einen besonderen Status. Ich spreche hier nicht von den Getrennten, sondern von denen, die sagen: »Ich will keinen Mann, sondern ein Kind.« Und der Staat soll dann dafür bezahlen. Vor 50 Jahren war eine alleinerziehende Frau geächtet. Ich finde weder das eine noch das andere richtig. Die Ehe und das »Ein-ganzes-Leben-zusammenbleiben« war bis in die 1960er-/1970er-Jahre der Normalfall. Für Frauen war es notwendig, um versorgt zu sein. Das bedeutet, eine Ehe war nicht auf Liebe, sondern auf Notwendigkeit gegründet. Die arrangierten Ehen sind die stabilsten. Weil sie wenig mit einer so flüchtigen Angelegenheit wie der Liebe zu tun haben. Die Liebe konnte dabei eine Rolle spielen oder auch nicht, aber es war selten die Hauptrolle. Früher musste man sich dem fügen. Eine normale Frau konnte sich meist kein anderes Leben leisten. Die Frage, ob das egoistisch war oder nicht, tauchte gar nicht auf. Man könnte sogar sagen, es war egoistisch, in der Ehe zu bleiben.

Durch die Gesellschaft und die Frauenbewegung hat sich das grundlegend geändert. Die Ehe hat ihre Notwendigkeit verloren. Sie ist weder moralisch noch ökonomisch oder sozial notwendig. Sie basiert nur auf Zuneigung. Manche bleiben auch aus Angst oder anderen Gründen zusammen. Subjektiv mag jemand daran festhalten, aber die objektive Situation hat sich grundlegend geändert. Mann und Frau sind freiwillig zusammen, und dadurch wird die Sache wesentlich fragiler. Und wenn sie heute den eigenen Interessen folgen, dann kann es durchaus sein, dass sie sich trennen. Aber deswegen sind sie nicht egoistischer als die Oma

1920 oder 1930, die sich aus wohlverstandenem Eigeninteresse eben nicht getrennt hat, obwohl sie den Mann wohlmöglich nicht mehr sehen konnte.

Die These, man sei egoistisch, wenn man sich trennt, halte ich daher für unsinnig. Viele Trennungen gehen allerdings leichtfertig auseinander. Es gibt eine Tendenz, in dem Moment, wo die Beziehung schwierig und konfliktreich wird, alles hinzuschmeißen und zu sagen »Ich gehe«. In vielen Fällen ist das ein Kurzschluss, weil man die Tiefe einer Beziehung noch gar nicht ausgelotet hat. Die kommt erst dann, wenn man auch durch die Konflikte hindurchgeht. Und da sehe ich heute, dass viele Leute einfach sehr schnell sagen: »Ich lasse es sein.«

Was wäre aus Ihrer Sicht denn das Kriterium doch zu bleiben?

Das Kriterium ist, ob sie sich lieben. Ganz klar: Die Basis für eine Ehe ist das, was man Liebe nennt. Also ein tiefes Gefühl der gegenseitigen Zuneigung, ja. Und wenn diese Zuneigung nicht gegeben ist, dann kann man wohl zusammenbleiben, doch es macht aus meiner Sicht keinen Sinn.

Woran erkennt man überhaupt, ob man in einer eher destruktiven Beziehung ist?

Es gibt destruktive Muster. Zunächst geht man mit rosaroter Brille in die Beziehung und oft mit Vorstellungen, die dem Leben nicht entsprechen. Der Hauptfehler ist, auf der emotionalen Ebene den Anspruch zu haben, der andere müsse einen glücklich machen. Das ist Blödsinn. Mein Glück kann nie von außen kommen. Wenn es von außen kommt, kann es auch jeden Augenblick wieder verschwinden. Und dann wird der andere dafür verantwortlich gemacht, dass es nicht gehalten hat. Aber im Grunde ist das eine kindische Haltung.

Wie kann ich es zu Beginn einer Beziehung anders machen?

Mein Glück kann nur von innen kommen. Es kann nicht an anderen Leuten liegen, sondern daran, wie ich mit mir selbst umgehe. Doch kann ich von einem jungen Paar nicht erwarten, dass es das weiß. Es lässt sich lernen, über die Konflikte einer Beziehung, wenn man sich ihnen stellt. Das wirft einen zu sich selbst zurück. Der andere ist nicht dafür verantwortlich, ob es einem gut geht. Also lohnt es sich, eine Beziehung nicht gleich in die Ecke zu werfen, weil es einem nicht gut geht. Es hilft, sich erst einmal mit sich selbst zu beschäftigen. Das kann man in einer Beziehung lernen.

Eine lange Beziehung ist in vielerlei Hinsicht ein schmerzhafter Prozess. Die Frage für mich bei der Trennung ist: Wovon trenne ich mich? Die meisten sind eher bereit, sich vom Partner zu trennen oder sogar ihre Liebe zu verleugnen, als sich von ihren inneren Bildern, wie der andere, wie die Beziehung und wie das Leben generell zu sein hat, zu trennen. Sie opfern die Liebe für diese Vorstellungen. Unsere inneren Bilder und Vorstellungen sind unsere wahren Geliebten!

Die entscheidende Frage ist also: Bin ich bereit, mich von den Bildern, wie meine Beziehung zu sein hat, wie mein Partner zu sein hat, zu trennen? Oder trenne ich mich lieber von dem Menschen, der meinen Bildern nicht entspricht?

Was sagen sie zu dem Zitat von Max Frisch »Lieben heißt, sich kein Bild zu machen«?

Ich würde den Satz gerne ein bisschen modifizieren: Lieben heißt, bereit zu sein, dass meine Bilder zerstört werden. Sich gar kein Bild machen geht nicht. Wir wachsen mit Bildern auf. Es klappt nicht, uns gar kein Bild zu machen. Man muss da aufpassen. Sonst steht man unter der unmöglichen Forderung, sich gar kein Bild zu machen. Dann kann man nur versagen.

Ihr Buch »Umarme dein Leben« hat den Untertitel »Wie wir seelisch erwachsen werden«. Was meinen Sie genau damit?

Ich würde sagen, eine wirkliche Partnerschaft auf gleichem Level, eine Liebesbeziehung, können nur Erwachsene miteinander haben. Also zwei Menschen, die auch seelisch erwachsen sind. Aber wir fangen klein an. Der Entdecker des Familienstellens, Bert Hellinger, hat dazu mal einen schönen Satz gesagt. Als jemand fragte, ob er denn schon mit dieser Aufstellungsarbeit anfangen könnte, obwohl er noch nicht wüsste, ob er es kann, hat er gesagt: »Jede Kuh hat mal als Kalb angefangen.« Das würde ich auch für eine Beziehung so sehen: Wir können nicht erst anfangen, wenn wir fertig sind, sondern wir lernen gerade dadurch, dass wir unfertig in Beziehungen gehen. Das Erwachsenwerden ist ein Prozess, der dadurch zum Ziel kommt, dass man sich dem Leben aussetzt.

Daraus ergibt sich: Wenn eine Beziehung gescheitert ist, dann ist nicht zugleich das Leben gescheitert?

Wir müssen im Leben bereit sein, uns völlig unfertig in Abenteuer zu stürzen. Wenn jemand ein Kind bekommt, dann weiß er nicht, ob sie eine gute Mutter oder er ein guter Vater ist. Wir wissen nie, was auf uns zukommt. Wenn wir es wüssten, würden wir keine Kinder bekommen. Eine wirklich erwachsene Beziehung setzt voraus, dass ich in der Lage bin, mich selbst so sein zu lassen, wie ich bin und auch den Partner so zu lassen, wie er ist. Jeder ist für sich selbst verantwortlich, weil jeder allein im Leben ist – nicht auf sozialer Ebene, sondern seelisch. Mit der Frage, wie ich mein Leben leben soll, bin ich letztendlich allein. Wenn ich das erkenne und sehe, dass die andere Person auch allein ist, dann können sich diese beiden Menschen begegnen Ansonsten sind es seelische Kinder, die vom anderen erwarten, er/sie gibt mir, was ich selbst nicht habe oder kann.

Allerdings ist eine gewisse Bedürftigkeit auch die Voraussetzung einer Beziehung. Hier handelt es sich in erster Linie um eine Bedürftigkeit auf der sexuellen Ebene. Als Mann kann ich nur über eine Frau an der Welt des Weiblichen teilhaben. Die habe ich zwar auch in mir, aber nur verdeckt. Und umgekehrt ist es genauso. Dann darf man sich aber hinterher nicht vorwerfen, dass der Mann sich wie ein Mann verhält und so denkt und fühlt und die Frau wie eine Frau. Auch wenn man das heute in unserem »Gleichheitszeitalter« nicht gerne hört und es sogar als anstößig gilt, so etwas zu sagen: Das Männliche und das Weibliche sind zwei ganz verschiedene Welten. Wir können durch unsere Partner an der jeweils anderen Welt teilhaben, sie aber nie ganz verstehen. Genau das ist das Wunderbare, das Aufregende und auch das Schwierige an einer Liebesbeziehung.

Was sind für Sie die Kennzeichen einer gelungenen Trennung?

Objektiv kann ich das gar nicht sagen. Subjektiv würde ich sagen, wenn man dadurch reifer geworden ist. Viele sehen ja nur das Scheitern. Dabei ist das ganze Leben ein Prozess, um Erfahrung zu gewinnen. Wenn man vorher durch den Schmerz des Todes gegangen ist, kann eine Trennung befreiend sein und Kräfte freisetzen. Wenn einer geht, ist das immer schmerzhaft. Man kann durch eine Trennung wachsen, aber man kann auch wachsen, indem man sich nicht trennt, wenn es schwierig ist. Es ist in beiderlei Richtung möglich. Im Übrigen ist es so: Fortschritt oder auch Wachstum im Leben beruhen immer auf Trennung. Die erste Trennung ist die von unserer Mutter und geschieht mit der Geburt. Unser Leben beruht auf der Trennung von etwas, was völlig innig, völlig nah und nährend für uns war. Als Jugendliche müssen wir uns dann von unserer Familie fortbewegen. Viele vollziehen das nicht. Darum scheitern so viele Beziehungen. Weil beide noch mit einem Bein in ihrer alten Familie sind, aus unbewusster Loyalität zu ihrer alten Familie. So etwas geschieht völlig unbewusst. Es kann kritisch werden, wenn Kinder im Spiel sind. Der eine sagt: Sie sollen so erzogen werden, der andere so. Das kommt jeweils aus der alten Familie. Und wenn das Paar dann darüber streitet, dann streiten sich eigentlich zwei Clans. Ohne dass die beiden das merken. In einer Beziehung muss man das, was man selbst und was der andere mitbringt, zugleich respektieren und auch bereit sein, es zurückzulassen und nach vorn, in eine neue und eigene Zukunft zu gehen. Das ist sehr schwierig und funktioniert nur, wenn man es nicht zuerst vom anderen verlangt, sondern diesen Schritt für sich selbst macht. Dann zieht der andere mit, wenn die beiden sich lieben.

Essenz

- Das Leben ist kein Projekt, sondern etwas, das einem geschieht.
- Das Kriterium, eine Ehe fortzusetzen, ist Liebe.
- Glück kann nur von innen und nicht als Erwartung an den anderen kommen.
- Eine wirklich erwachsene Beziehung setzt voraus, dass ich in der Lage bin, mich selbst so sein zu lassen, wie ich bin und auch den Partner so zu lassen, wie er ist.
- Jeder ist für sich selbst verantwortlich, weil jeder allein im Leben ist – nicht auf sozialer Ebene, sondern seelisch.
- Fortschritt oder auch Wachstum im Leben beruhen immer auf Trennung.

Literaturempfehlung: Wilfried Nelles, Männer, Frauen & die Liebe, Über kindliche Ansprüche und erwachsene Bedürfnisse, 2010, Innenwelt verlag

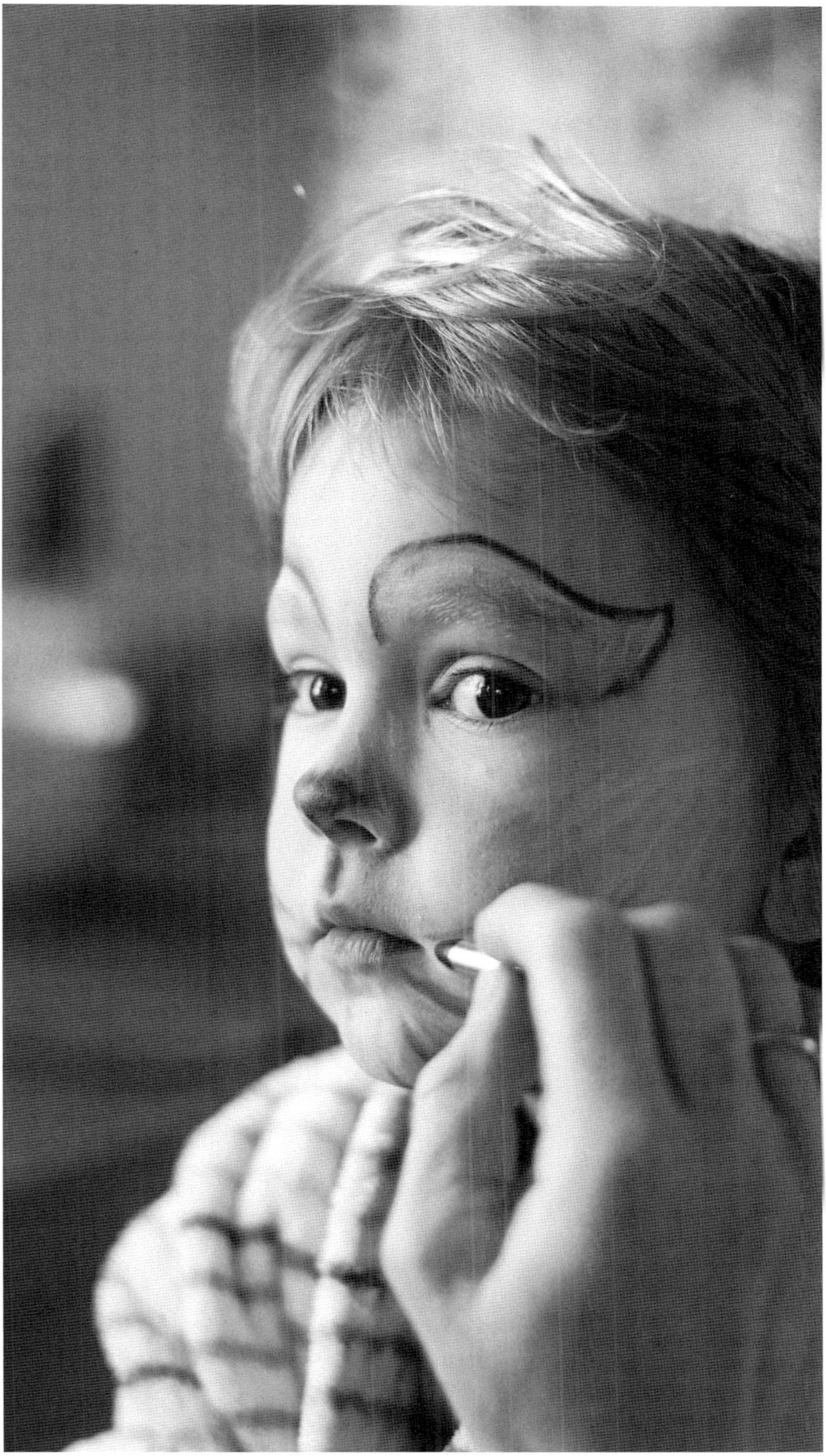

Gespräch mit dem Psychologen Professor Dr. Ulrich Schmidt-Denter

Mut zur Trennung bedeutet natürlich nicht eine Trennung um jeden Preis, nur weil es in einer Partnerschaft kriselt. Es bedeutet eher, sich dann auf den Weg zu machen, wenn die Beziehung definitiv am Ende ist. Sie haben auch über die verschiedenen Lebensabschnitte geforscht und geschrieben. Woran erkennt man Ihrer Erfahrung nach das Ende einer Beziehung?

Das Bewusstsein vom Ende einer Beziehung ist durchaus subjektiv. Man erkennt dies daran, dass selten beide Partner gleichermaßen zu dieser Überzeugung gelangen. Die Initiative zur Trennung geht häufiger von den Frauen als von den Männern aus. Sie reagieren offenbar sensibler auf bestimmte Krisenphänomene und äußern häufiger, dass ihre kommunikativen und emotionalen Bedürfnisse in der Ehe zu kurz kommen. Es gibt aber auch von außen betrachtet Indikatoren für das Scheitern einer Ehe. Hierzu gehören ein destruktiver Umgangsstil, die Eskalation von Konflikten und die mangelnde Fähigkeit zur Problembewältigung.

Viele Eltern fragen sich, ob es für die Kinder womöglich besser wäre, wenn die Familie intakt bliebe?

Für die Kinder wäre es natürlich am besten, wenn die Eltern ihre Probleme lösen würden und die vollständige Familie erhalten bleiben könnte. Die Kinder hätten unter dieser Bedingung die günstigsten Entwicklungsmöglichkeiten. Ansonsten hängt der kindliche Leidensdruck stark vom elterlichen Konfliktniveau ab. Dies gilt für die Zeit vor, während und nach der Trennung. Wenn also z.B. Streitigkeiten wegen sorgerechtlicher Fragen, Vermögenswerten oder verletzter Gefühle nach der Trennung fortgeführt werden, ändert sich an der psychischen Belastung der Kinder nichts. Diese dürfte sich sogar noch verschlimmern, weil der Trennungsschmerz hinzukommt. Kann die Trennung dagegen genutzt werden, um die Beziehung zu klären und wieder Ruhe und Verlässlichkeit einkehren zu lassen, dann kann dies von den Kindern auch als entlastend erlebt werden.

Gibt es überhaupt einen gemeinsamen Nenner, welche Folgen eine Trennung der Eltern auf ihre Kinder hat?

Alle Kinder wünschen sich zunächst, dass ihre Familie zusammenbleiben möge. Die Trennung der Eltern ist für sie immer ein kritisches Lebensereignis. Die Reaktion darauf ist aber durchaus unterschiedlich. Sie ist z. B. abhängig vom Alter und Geschlecht des Kindes. In einigen Untersuchungen zeigte sich, dass Jungen im Grundschulalter häufiger aggressiv und mit Verhaltensstörungen reagieren als Mädchen. Im Jugendalter waren es eher die Mädchen, die Probleme bei der Gestaltung intimer Beziehungen hatten. Aber auch personale Merkmale, wie etwa das kindliche Selbstbewusstsein, spielen eine Rolle. Einige Kinder entwickeln aufgrund der Trennungserfahrungen schneller persönliche Reife und Verantwortungsbewusstsein (z. B. für jüngere Geschwister oder den Haushalt). Als sehr bedeutsam erwies sich in wissenschaftlichen Studien die Unterstützung durch das soziale Netzwerk. Insbesondere die Verfügbarkeit von Großeltern kann stabilisierend wirken und die Folgen der familiären Umbruchsituation teilweise kompensieren. In einer Langzeituntersuchung fanden wir drei Typen kindlicher Symptombelastung. Den ersten Typ nannten wir Hochbelastete (ca. 50 Prozent der Kinder). Die Kinder hatten über einen längeren Zeitraum hinweg trennungsbedingte Verhaltensstörungen. Der zweite Typ waren die Belastungsbewältiger (30 Prozent). Sie zeigten nur kurz nach der Trennung Symptome und erholten sich danach schnell. Den dritten Typ bildeten die Unbelasteten (20 Prozent). Sie verhielten sich zu keinem Zeitpunkt auffällig.

Was würden Sie als die wichtigsten Phasen einer Trennung für eine Familie betrachten?

Trennungen können sehr individuell verlaufen. Amerikanischen und deutschen Untersuchungen zufolge kann man jedoch grob drei Phasen des Übergangs von der vollständigen Familie zur Nachscheidungsfamilie unterscheiden. In der (1.) akuten Phase wird die Trennung vollzogen. Die damit zusammenhängenden Belastungen werden intensiv erlebt. In der (2.) Desorganisationsphase lösen sich die alten Beziehungsmuster auf, viele Anpassungsleistungen an veränderte Bedingungen werden erforderlich. In der (3.) Reorganisationsphase stabilisiert sich die Nachscheidungsfamilie. Es werden neue Rollen gelernt (z. B. als Alleinerziehende oder als getrennt lebender Vater), neue Beziehungen eingegangen und alte modifiziert.

Wie und wann sollte eine Trennung den Kindern in den verschiedenen Altersstufen vermittelt werden?

Es ist problematisch, wenn Eltern ihre Kinder kurzfristig vor vollendete Tatsachen stellen. Während sie selbst eine lange Zeit der

Entscheidungsfindung benötigten, trifft die Kinder die elterliche Trennung nun wie ein Schock. Grundsätzlich können Jugendliche leichter als jüngere Kinder nachvollziehen, dass Menschen Beziehungen eingehen, aber auch wieder lösen können. Für Kinder aller Altersgruppen ist wichtig, dass ihnen vermittelt wird, dass nicht sie verlassen werden, sondern dass sich die Eltern als Paar trennen. Die Erwachsenen müssen ihnen versichern, dass sie auch weiterhin ihre Eltern bleiben und für sie da sein werden. Kinder neigen häufig dazu, ihr Verhalten als Ursache für die Trennung zu erleben und Schuldgefühle zu entwickeln. Die Eltern müssen ihnen deutlich machen, dass sie nicht der Trennungsgrund sind, sondern dass dieser in der elterlichen Paarbeziehung liegt.

Was sind die Kennzeichen einer konstruktiven Trennung?

Die Kennzeichen einer konstruktiven Trennung lassen sich durch die Ziele der Scheidungsmediation definieren. Es kommt darauf an, einvernehmlich Regeln hinsichtlich des Sorgerechts, des Unterhaltsrechts und der Vermögensfragen zu erarbeiten. In vielen Fällen erleichtert die gemeinsame elterliche Sorge nach der Scheidung die Kooperationsbereitschaft der Ex-Partner. Aus psychologischer Sicht ist es wichtig, Kommunikationsfähigkeit und die Fähigkeit zur Konfliktregelung wiederherzustellen, die aufgrund der seelischen Verletzungen, die man sich zugefügt hat, häufig stark beeinträchtigt sind.

Ist es Ihres Erachtens nach gut für den Nachwuchs von Scheidungskindern, wenn die Eltern Freunde bleiben und zum Beispiel auch Feste wie Geburtstage, Ostern oder Weihnachten miteinander feiern?

Dass Paare nach der Scheidung eine Freundschaftsbeziehung beginnen, ist eher selten der Fall. Den Kindern hilft vor allem, wenn sie sich auf stabile Verhältnisse und klare Regeln verlassen können. Die Ex-Partner müssen als Eltern kooperieren und nicht zum Freundespaar werden. Bei jüngeren Kindern kann eine enge Beziehung sogar die unrealistische Hoffnung wecken, die Eltern würden wieder zusammenkommen und die alte Familie würde wieder neu entstehen. Die Trauerarbeit über die Trennung wird so erschwert.

Was ist im Umgang miteinander besonders wichtig, damit die sogenannte Nachscheidungsfamilie, wie Sie es nannten, eine neue Stabilität erlangen und wieder zu einem geregelten Ablauf des Alltags – vor allem zum Wohl der Kinder – finden kann?

Der Kontakt zur Mutter beziehungsweise zum Vater sollte durch das jeweilig andere Elternteil gefördert und nicht belastend gestaltet werden. Die Kinder sollten keine Loyalitätskonflikte und kein schlechtes Gewissen haben müssen, dass sie ihre beiden Elternteile lieben. Die Eltern sollten sich jedoch auch auf gemeinsame Erziehungsstandards einigen und der Versuchung widerstehen, um die Gunst des Kindes zu konkurrieren beziehungsweise sich gegeneinander ausspielen zu lassen. Bei neuen Partnerschaften oder Eheschließungen sollte der Kontakt zum Kind nicht missbraucht werden, um in die Zweitfamilie hineinzuwirken und diese ggf. zu destabilisieren.

Essenz

- Wird eine Trennung genutzt, um die Beziehung zu klären, kann wieder Ruhe und Verlässlichkeit einkehren – Kinder werden entlastet.
- Kinder müssen nach einer Trennung der Eltern erfahren, dass sie nicht der Trennungsgrund sind.
- Ex-Partner müssen als Eltern kooperieren und nicht zwingend Freunde werden.
- Um die Gunst bei Sohn oder Tochter als Mutter und Vater zu konkurrieren, schadet dem Nachwuchs.
- Kinder dürfen nicht in Loyalitätskonflikte zwischen den Eltern geraten.
- Der Kontakt zu Mutter beziehungsweise Vater sollte durch das andere Elternteil gefördert werden.

Literaturempfehlung: Ulrich Schmidt-Denter, Soziale Beziehungen im Lebenslauf, 2005, Beltz PVU Verlag

Gespräch mit dem Professor für Psychoneuroimmunologie Joachim Bauer

Sie beschäftigen sich mit den Folgen von verschiedenen Lebenssituationen, z. B. psychischer Überlastung auf die Prozesse unseres Körpers. Wie sieht es in uns rein biologisch aus, wenn wir uns von unserem Partner trennen?

Es hängt davon ab, ob sich der Partner von uns trennt oder wir uns von ihm. Wenn sich der Partner von uns trennt, erlebt unser Gehirn eine soziale Zurückweisung. Als Folge davon passieren neurobiologisch zwei Dinge: Zum einen kommt es zu einem »Absturz« der Aktivität des Motivationssystems, ganz konkret wird vor allem weniger Dopamin und Oxytozin produziert. Zum anderen kommt es zu einer Aktivierung der Schmerzzentren: Unser Gehirn nimmt soziale Zurückweisung wie körperlichen Schmerz wahr (siehe mein Buch »Schmerzgrenze»). Auf der Verhaltensebene resultiert in einer solchen Situation entweder eine depressive Reaktion (als Folge des »abgestürzten« Motivationssystems), oder eine Aggression (als Folge des aktivierten Schmerzsystems). Wenn ich mich selbst von einem Partner trenne, dann kommt es vor allem zu einer Empathiereaktion: Ich weiß, dass der beziehungsweise die andere jetzt leidet, man hat Schuldgefühle und überlegt sich, die Trennung wieder rückgängig zu machen. Hinzu kommt, dass man auch dann, wenn man selbst die Trennung herbeigeführt hat, die Folgen der Einsamkeit ein Stück weit so spürt wie derjenige, der die Trennung erleidet (es sei denn, derjenige, der sich trennt, hat schon einen neuen Partner).

Das Wissen um die starke Wechselwirkung, die unsere Haltungen und unser Handeln auf die Gene ausüben, hat sich noch nicht sehr durchgesetzt. Können Sie erklären, wodurch wir selbst unsere Gene steuern?

Unser Gehirn verfügt über ein ausgedehntes Nervenzellsystem, das sogenannte limbische System, dessen wichtigste Aufgabe darin besteht, die Qualität unserer sozialen Beziehungen zu evaluieren. Abhängig davon kommt es im Gehirn zur Ausschüttung unterschiedlicher Botenstoffmixturen. Diese wiederum setzen biochemische Signalketten in Gang, an deren Ende die Aktivierung oder Inaktivierung von Genen steht.

Wie wirkt sich das auf unsere Lebensqualität aus?

Die Auswirkungen sind vielfältig und betreffen einerseits unsere aktuelle Gefühlslage und andererseits – mittel- und langfristig – unsere Gesundheit, vor allem die des Herzens und des Immunsystems.

Muss eine Trennung zwangsläufig als Scheitern verstanden werden, wo sie doch zugleich die Möglichkeit des Wachstums beinhaltet?

Das Gefühl des Scheiterns steht direkt in einer Trennungssituation natürlich im Vordergrund: Die Beziehung ist ja tatsächlich gescheitert. Mit etwas Abstand betrachtet wird jedoch schnell deutlich: Eine Trennung muss kein Scheitern bedeuten, sondern bedeutet zu lernen, über sich, über andere und darüber, wie Beziehungen funktionieren. Das zu sehen, ist aber erst mit etwas Abstand möglich.

Was können Ex-Partner tun, um »sanfter« und menschlicher durch eine Trennung zu gelangen?

Wichtig ist, sich in einer Trennungssituation nicht gegenseitig unnötig zu verletzen. Die Trennung selbst ist Schmerz genug. Wer in einer solchen Situation den anderen noch zusätzlich entwertet oder demütigt, der riskiert Aggressionen oder suizidale Handlungen. Wer sich trennt, sollte dem anderen besser sagen, dass es ihm selbst leid tut, dass es aber leider nicht anders geht.

Kinder sind als »biologisches System« besonders fragil. Auf welche Weise können sie, Ihrer Meinung nach, am besten geschützt werden, wenn die Eltern sich trennen und eine Familie auseinandergeht?

Eltern können den Schaden, den ihre Kinder immer ein Stück weit nehmen werden, dadurch klein halten, dass sie sich keinen Krieg liefern, vor allem die Kinder nicht zum Streitobjekt oder -instrument machen, sondern versuchen, halbwegs achtsam und rücksichtvoll mit der Situation umzugehen. Besonders wichtig ist es, dass Mütter nicht versuchen, den Vater mit dem Entzug der Kinder zu bestrafen oder sich dadurch an ihm zu rächen.

Sogenannte Herzensqualitäten sind inzwischen häufiger in den Fokus der Wissenschaft gelangt und werden mehr gerühmt als zuvor. Warum?

Der Grund ist schlicht und einfach, dass es erst seit wenigen Jahren möglich war und ist, soziale Beziehungen neurobiologisch zu untersuchen. Wichtige Voraussetzungen dafür waren die bildgebenden Verfahren (funktionelle Kernspintomografie) und die Entdeckung des Systems der Spiegelnervenzellen.

Eine Trennung bedeutet in der Regel nicht zuletzt mehr Stress zu erleben, bis eine neue Balance gefunden wird. Das weiß jeder, der es erlebt hat. Wie lässt sich produktiver damit umgehen?

In einer Trennungsphase sollte man, um selbst möglichst gut klarzukommen, äußere Stabilisatoren benutzen, z. B. Ablenkung durch die Arbeit, Sport machen, sich mit ein oder zwei besten Freunden oder Freundinnen öfter zum Gespräch treffen.

Stehen wir nun vor einem gesellschaftlichen Paradigmenwechsel, nachdem auch durch medizinische Forschung deutlicher wird, dass – um mit den Worten des italienischen Psychologen und Philosphen Piero Ferrucci zu sprechen – »Nur die Freundlichen überleben«?

Diesen Optimismus teile ich überhaupt nicht. Freundlichkeit ist eine wertvolle Ressource, wir sollten sie nur denjenigen schenken, die sie auch verdienen, das heißt, die uns auch etwas zurückgeben. Wer Freundlichkeit verschenkt und sich dabei andauernd schlecht behandeln lässt, wird krank. Übrigens: Auch Steven Pinkers Vision einer immer friedlicheren Welt ist kompletter Nonsens. Wir leben in einer Welt der begrenzten Ressourcen, in der die Zahl der Menschen weiter wächst. Wie ich in meinem Buch »Schmerzgrenze« deutlich gemacht habe, ist aus diesem Grunde zu erwarten, dass die Konflikte massiv zunehmen werden. Menschen haben neurobiologisch zwar die volle Austattung für ein friedliches Zusammenleben, angesichts der Verteilungskämpfe um knappe Ressourcen werden die Aggressionssysteme aber vermutlich die Oberhand behalten. Richtig ist allerdings: Gerechtigkeit ist die beste Gewaltprävention.

Welche Art von Beziehungsstil hält am ehesten gesund?

Freundschaften pflegen hält gesund. Konflikte gehören aber genauso zum Leben wie die Freundschaft. Konflikte zu erkennen und durch das Gespräch zu klären, ist eine tägliche Aufgabe.

Essenz

- Dem anderen sagen, dass es einem leid tut, aber nicht anders geht.
- Auch wenn man selbst die Trennung herbeigeführt hat, spürt man die Folgen der Einsamkeit ein Stück weit so, wie der andere.
- Eltern können den Schaden klein halten, indem sie sich keinen »Krieg« liefern.
- Trennung kann die Gesundheit des Herzens und des Immunsystems beeinflussen.
- Gerechtigkeit ist die beste Gewaltprävention.
- Nach einer Trennung sollte man Stabilität durch Gewohntes schaffen, wie zum Beispiel Arbeit, Sport oder Freunde.

Literaturempfehlung: Bauer, Joachim: »Warum ich fühle, was du fühlst«, Wilhelm Heyne Verlag, München, 2006, »Schmerzgrenze: Vom Ursprung alltäglicher und globaler Gewalt«, Verlagsgruppe Random House, 2011

Epilog

Wenn Trennungskinder erwachsen sind: Erfahrungsberichte

»Das Unheimlichste an einer Trennung ist die Veränderung«

Als seine Eltern sich trennten, besuchte Emil K. die Grundschule. Die Mutter blieb weiterhin sein Lebensmittelpunkt. Der 19-jährige Abiturient wundert sich manchmal selbst darüber, wie leicht er letztendlich die Trennung seiner Eltern »weggesteckt« hat.*

Die Trennung meiner Eltern war für mich, damals sieben Jahre alt, auf jeden Fall erst mal ein ziemlicher Schock, soweit ich mich erinnern kann. Klar war das alles zuerst ziemlich merkwürdig aus meiner Erstklässler-Perspektive. Aber irgendwie fand ich mich schnell mit der neuen Situation ab. Mein Vater zog in einen nahe gelegenen Ort und ich sah ihn jedes zweites Wochenende und in den Ferien. Da er voll berufstätig war, sah ich ihn oft in der Woche nur kurz abends, wenn ich schon im Bett war, und er kurz kam, um mir »Gute Nacht« zu sagen. Ich glaube, ich war schon als Kind relativ pragmatisch und ging auch dementsprechend mit der neuen Situation um. Ich merkte schnell, dass mir weder mein Vater noch meine Mutter verloren ging. Mein Vater und ich unternahmen an den gemeinsamen Wochenenden weiterhin viel, wenn nicht gar mehr als früher. Die Trennung meiner Eltern war zwar unangenehm und auch traurig, verlief aber im Großen und Ganzen für mich relativ reibungslos. Wenn ich so im Nachhinein zurückdenke, bin ich manchmal über mich selbst erstaunt. Wie habe ich das alles so leicht weggesteckt? Bestimmt lag es auch daran, dass keine Konflikte auf meinem Rücken ausgetragen wurden. Ich hatte immer das Gefühl, beide Eltern voll und ganz hinter mir stehen zu haben. Wenn sie auch als Ehepartner getrennt waren, respektierten sie sich doch immer gegenseitig als meine Eltern. Klar gab es auch schon mal Konflikte oder Streit, sei es über Wochenenden, Ferien oder andere Dinge, doch im Großen und Ganzen empfand ich alles als relativ friedlich.

Ich erinnere mich jedoch an eine negative Auswirkung, die die Trennung anfangs, als ich noch jünger war, auf mich hatte: Wenn ich bei meiner Mutter war und abends im Bett lag, überkam mich manchmal die plötzliche und vollkommen irrationale Angst, meinem Vater könne etwas passiert sein. Genauso ging es mir umgekehrt, wenn ich bei meinem Vater war. Vermutlich war das die Folge davon, dass ich nun mal immer nur mit einem meiner Eltern zusammen war. Immer hatte ich entweder nur meine Mutter oder nur meinen Vater um mich. In meinen Augen war immer der gerade nicht Anwesende somit auch potenzieller »Gefahr« ausgesetzt. Aber außer dieser abendlichen Ängstigungen gewöhnte ich mich an die meisten neuen Umstände ziemlich schnell. Ich erinnere

mich noch, wie mein Vater nach ungefähr einem Jahr eine neue Freundin gefunden hatte und ich mit meiner Mutter über diese, doch ungewohnte, Neuigkeit redete. Die neue Frau und ich verstanden uns von Anfang an sehr gut. Für meine Mutter war das kein Problem. Zwei (Halb-) Geschwister kamen später hinzu, die Eltern von besagter Freundin und später auch Ehefrau meines Vaters wurden wie ein paar »Extra-Großeltern«. Im Endeffekt sind also, trotz allem, viele neue, liebenswerte Menschen in mein Leben getreten. Aus heutiger Sicht könnte ich mir alles gar nicht anders vorstellen. Daher würde ich sagen, war und ist das Unheimlichste an einer Trennung die Veränderung, das Neue und Ungewohnte. Alles in allem hat die Trennung zu vielen positiven Neuerungen geführt, die ich heute gar nicht missen möchte, auch wenn es am Anfang mit Traurigkeit, Angst und Vermissen verbunden war. Damals hätte ich mir all diese Veränderungen gar nicht vorstellen können. Wenn ich heute, mit 19 Jahren, darüber nachdenke, habe ich durch die Trennung zwar gewisse Dinge missen müssen, aber auch viel dazugewonnen. Heute glaube ich, dass alles so gekommen ist, wie es kommen sollte. Es ist gut so, wie es ist.

*Alle Namen mit * wurden geändert.*

Schwarzbrot mit Erdbeermarmelade

Susanne O. ist heute 47 Jahre alt und lebt mit ihrem Mann und ihrem fünfjährigen Sohn in Frankfurt am Main. Als sie vier Jahre alt war, trennten sich ihre Eltern. Den Kontakt zu ihrem Vater hat sie nach dem Tod ihrer Großmutter, die sie als Kind betreute, abgebrochen.

Wir drei stehen im Flur unseres Reihenhauses in einer norddeutschen Stadt. Mein Blick ist auf die Wand gerichtet. Ich sehe mir die kleinen blauen Blüten auf der Tapete genau an. Vielleicht zähle ich sie oder versuche, kleine Abweichungen im Blumenmuster zu erkennen. Eine Frage erreicht mich: »Möchtest du lieber bei Mutti oder bei Vati wohnen?« Ich überlege und antworte: »Bei euch beiden.« »Das geht nicht«, sagt mein Vater. »Du musst dich für einen von uns entscheiden.« Gerade hatten mir meine Eltern erklärt, dass sie sich nicht mehr gut verstünden und sich häufig stritten. Sie hätten daher beschlossen, dass es für uns alle besser sei, wenn sie von nun an getrennte Wege gingen. Ich denke an meinen Kindergarten und verstehe: Auch Jens und Anke streiten sich oft und sitzen jetzt weit voneinander entfernt, wenn wir alle zusammen um den Tisch sitzen und unsere – eklig warme – Pausenmilch mit Haut trinken müssen. Fremd ist es mir nicht, dass sich Menschen, die einmal Freunde waren, nicht mehr gut verstehen. Aber dass meine Eltern nun nicht mehr zusammen mit mir in unserem Haus wohnen wollen und ich mich jetzt für einen der beiden entscheiden soll, erscheint mir sehr unwirklich. Ich blicke zurück an die Tapete. Dort, kurz unter dem runden Spiegel mit dem Korbgeflecht, gibt es eine kleine Stelle, an der die Tapete nachträglich geklebt wurde. Die Kleberänder eines schmalen, nach unten spitz zulaufenden Streifens erkenne ich und fahre sie wieder und wieder mit den Augen entlang. Bei Mutti oder bei Vati, bei Mutti oder bei Vati, bei Mutti oder bei Vati, bei Mutti oder bei Vati?

Wenige Wochen zuvor hatte ich an einem Samstag mit meiner besten Freundin Miriam gespielt. Die Familie wollte am Nachmittag einen Ausflug in einen nahe gelegenen Wald machen und dort einen langen Spaziergang unternehmen. Sie fragten mich, ob ich Lust hätte, sie zu begleiten. Natürlich musste ich erst meine Eltern um Erlaubnis fragen, und Miriam und ich liefen los und standen nach einigen Minuten atemlos vor unserer Wohnungstür. Ich klingelte, meine Eltern öffneten nicht. Das Schlafzimmer meiner Eltern lag direkt neben der Wohnungstür. Das Fenster war gekippt, die Jalousien heruntergelassen – meine Eltern hielten ihren Mittagsschlaf. Ich rief durch das geöffnete Fenster und erklärte schnell mein Anliegen, mit in den Wald fahren zu dürfen. Mein Vater antwortete, und ich hörte, wie er mir den Ausflug mit Miriams Familie erlaubte.

Am Abend kehrte ich glücklich und ausgelassen nach Hause zurück. Doch mich erwartete ein Donnerwetter. Zornig fragte mich mein Vater, wie ich es wagen könnte, ohne seine Erlaubnis mitzufahren. Ohne dass ich antworten konnte, fegte eine Schimpftirade über mich hinweg. Meine Cousine Karin sei doch eingeladen gewesen und hätte stundenlang auf mich gewartet. Wie ungezogen und gemein es von mir sei, meinen Besuch einfach allein zu lassen und mich aus dem Staub zu machen. Zur Bestrafung sollte ich, ohne etwas zu essen, sofort ins Bett gehen. Ich weinte und ging in mein Zimmer. Ins Bett. Dort weinte ich weiter, war wütend und fühlte mich missverstanden. Deutlich hatte ich gehört, dass mein Vater mir erlaubt hatte, mitzufahren. Dass meine Cousine an diesem Nachmittag kommen wollte, daran hatte ich wirklich nicht mehr gedacht. Mein Vater hatte mir gar nicht zugehört, als ich ihm erklären wollte, dass sowohl Miriam, die neben mir am Fenster gestanden hatte, als auch ich ein deutliches »Du darfst« gehört hatten. Er war so wütend, dass er meine Einwände nicht hörte. Ich lag im Bett, fühlte mich unverstanden, ungerecht behandelt, war traurig und hungrig, als plötzlich meine Mutter in mein halbdunkles Zimmer kam. In der Hand hielt sie ein Trinkglas und ein Frühstücksbrettchen. Darauf lag eine Scheibe Schwarzbrot mit Butter und Erdbeermarmelade. Sie setzte sich zu mir ans Bett, tröstete mich, sah mir dann beim Essen zu und hörte sich an, was ich zu sagen hatte. Ich fühlte mich besser und schlief bald ein.

Mein Blick folgt noch einmal den verklebten Rändern der geblümten Tapete. Dann sehe ich langsam zu meinen vor mir stehenden Eltern hoch: »Bei Mutti«, sage ich deutlich.

Wenn ich an diese Begebenheit als Offenbarung der Trennung meiner Eltern zurückdenke, dann bin ich mir bewusst, dass diese an sich nicht schmerzhaft für mich war. Zwar hätte ich gerne mit meinem Vater und meiner Mutter weitergelebt wie zuvor, aber ich habe die Gründe für ihren Entschluss, sich zu trennen, verstanden und akzeptiert. Entscheidend war für mich, was danach kam. Die Verletzungen folgten später. Wunden, die mich lange Zeit wie ein dunkler Schatten verfolgten und an die ich auch heute noch nicht ohne Schmerz denken kann. Auch wenn dieser mit der Zeit immer kleiner geworden ist. Aber ich greife vor.

Mein Vater zog aus. Ohne es zu wissen, hatte ich auch diese Entscheidung mitgetroffen. Der- oder diejenige, mit dem oder der ich weiter zusammenleben wollte, sollte auch das Reihenhaus bekommen und den anderen auszahlen. Vom Auszug selbst bekam ich nichts mit, und ich kann mich an kein einschneidendes Erlebnis in dieser Hinsicht mehr erinnern. Mein Vater war weg – er zog in eine andere Stadt – und das Leben allein mit meiner Mutter ging ganz unspektakulär weiter. Ich ging vormittags in den Kindergarten und spielte. Mittags holte mich meine Oma ab. Ich war gerne bei meinen Großeltern – sie waren mein Fels in der Brandung: immer für mich da, immer offen für alles, was mich beschäftigte. Meine Oma und Onkel Günther waren Garanten für Sicherheit und Konstanz in meinem Leben. Ab und zu sah ich bei meinen Großeltern auch meinen Vater. Da meine Eltern keinen Kontakt mehr miteinander hatten, liefen diese Besuchstage sehr unnatürlich, ja geradezu zwanghaft ab. Samstagmittags klingelte mein Vater an unserer Tür, verschwand dann aber sofort und wartete auf mich im Auto, das er außer Sichtweite an der Straße geparkt hatte. Ich lief dann mit meiner gepackten kleinen Reisetasche zu ihm und wir fuhren in seine »Junggesellenbude«, wie er sein möbliertes, gemietetes Zimmer nannte. Am Sonntagabend oder sogar erst am Montagmorgen brachte er mich zurück. Ich kann mich nicht mehr daran erinnern, wie wir diese ersten, gemeinsamen Wochenenden verbrachten. Ich weiß nur noch, dass es im Zimmer meines Vaters ein kleines Aquarium mit Fischen gab, die ich mir immer gerne angesehen habe. Nur ein Nachmittag ist mir ganz genau im Gedächtnis geblieben: Mein Vater und ich fuhren in ein Ausflugscafé und trafen dort eine Frau mit ihrem Sohn. Dieser hieß Frerk und war nur ein Jahr jünger als ich. Die Frau war die neue Freundin meines Vaters. Ihr Name war Brigitte, aber alle nannten sie nur Gitte. Irgendwann heirateten mein Vater und Gitte. Sie bauten ein Haus in einem kleinen norddeutschen Städtchen und lebten dort mit Frerk und zwei weißen Kaninchen, die sie Frerk und mir geschenkt hatten.

Als sehr anstrengend empfand ich es, nach diesen Wochenendbesuchen wieder zu meiner Mutter nach Hause zurückzukehren. Die Rückkehr gestaltete sich genauso kompliziert und unnatürlich wie das Abholen zuvor. Da sich meine Eltern nicht mehr über den Weg laufen wollen, musste ich mich bereits im Auto von meinem Vater verabschieden, allein zur Haustür gehen und klingeln. Auf diesem kurzen Stück Weg schaltete ich gedanklich um zwischen dem Dort, bei meinem Vater, und dem Hier, bei meiner Mutter, und nahm irgendwie auch eine andere Rolle ein. Dort: ein Kind zu Besuch in einer an sich fremden Umgebung. Wie ein Gast im Gästezimmer beim eigenen Vater. Ausgeschlossen vom Alltäglichen. Jemand, der nur ab und zu ein Wochenende in einer anderen Familie erlebte. Der sich neu einstellen musste auf andere Rituale und familiäre Regeln, Umgangsformen und Gegebenheiten. Ein eher schüchternes Mädchen, das noch einen Knicks machte, wenn es sich bedankte, unauffällig sein wollte, sich anpasste. Hier: eine Tochter im vertrauten

Alltag, im eigenen Kinderzimmer, nah bei der besten Freundin und den geliebten Großeltern. Bei meiner Mutter musste ich nicht darüber nachdenken, wie ich zu sein hatte. Ich war einfach, wie ich war, denn ich hatte bereits meinen Platz in unserem Zusammenleben und musste diesen nicht mehr finden oder verteidigen.

Anstrengend war meine Rückkehr nach Hause aber auch, weil meine Mutter mich jedes Mal wie beiläufig fragte, wie es denn gewesen sei bei meinem Vater und Gitte. Was wir unternommen hätten und ob es mir gefallen hätte. Als Kind spürte ich, dass sie mir diese Fragen nicht uneigennützig und aus reinem Interesse stellte, sondern eigentlich hören wollte, dass ich mich bei ihr wohler und besser fühle. Daher versuchte ich, möglichst kurz zu antworten und mich dann schnell aus dem Staub zu machen. Nach ungefähr zwei Jahren lebten auch wir nicht mehr allein. Eines Tages erzählte sie mir, dass wir Besuch bekämen. Sie hatte einen Mann kennengelernt, der – und das beeindruckte mich sehr – selbst Steinmännchen bauen konnte. Diese etwa 10 bis 20 Zentimeter großen Männchen aus zusammengeklebten Natursteinen und aufgemalten lustigen Gesichtern waren Anfang der 1970er-Jahre sehr populär und schmückten nicht selten Fensterbänke oder Schrankvitrinen. Ich fand sie besonders toll, wenn sie auf dem Kopf aufgeklebte Haare aus Fell hatten, die man so schön streicheln konnte. Dann kam Karl-Heinz, der neue Freund meiner Mutter, tatsächlich zu Besuch. Und: Er brachte mir ein Steinmännchen mit. Freudestrahlend fragte ich ihn, ob er mir noch mehr basteln könne. Eines für meine Oma und Onkel Günther, eines für Tante Marie, eines für Tante Else und eines für Tante Christine, allesamt Schwestern meiner Oma. Er versprach es, hielt Wort und ich konnte schon bald lustige Steinmännchen an meine Großeltern und -tanten verteilen und ihnen von Karl-Heinz' Bastelkünsten vorschwärmen. Dass dieser keinen einzigen der Steingesellen selbst gemacht hatte, vertraute er mir erst an, als ich schon längst erwachsen war. Auf jeden Fall hatte er meine Sympathie und mein Zutrauen gewonnen, weil er mir gezeigt hatte, dass er mich und meine Wünsche ernst nahm und jemand war, auf den ich mich verlassen konnte.

So freute ich mich sehr, als meine Mutter und Karl-Heinz ihren Hochzeitstag planten. Auch hier zeigte Karl-Heinz großes pädagogisches Geschick, indem er mich praktisch zur Hauptperson des Tages machte. Denn ich war die Garderobenfrau – an mir kam kein Gast vorbei. Karl-Heinz klebte Ziffern an einen fahrbaren Garderobenständer, den er in mein Kinderzimmer schob und erstellte passende Garderobenmarken. Die Tür zu meinem Kinderzimmer funktionierte er zu einem kleinen Tresen um. Dahinter stand ich: Susanne, die Garderobenfrau. Glücklich und wichtig. Alle Hochzeitsgäste spielten das Spiel mit und übergaben mir ihre Kleidungsstücke, die ich entgegennahm, auf einen Bügel hängte, um schließlich die Transaktion mit der Ausgabe einer Garderobenmarke zu quittieren.

Wir lebten nun wieder zu dritt in unserem Reihenhaus. Ich fühlte mich wohl. Alles war gut. Nur das ungute Gefühl nach der Rückkehr von den Wochenendbesuchen bei meinem Vater war eines, das blieb. Auch die Besuche bei meinem Vater, Gitte und Frerk waren für mich nach einiger Zeit nicht mehr so schön. Gitte erwies sich bald als ausgesprochen anstrengende Person. Als ich einmal zusammen mit meiner Oma und Onkel Günther mit dem Zug in der kleinen Stadt, in der Gitte und mein Vater wohnten, ankam, standen beide am Bahnsteig, um uns abzuholen. Ich sah als erstes meinen Vater, der mit weit geöffneten Armen dastand, um mich zu empfangen. Ich fiel ihm um den Hals und begrüßte anschließend Gitte. Aus diesem natürlichen Verhalten eines Kindes machte sie einen »Staatsakt« und versuchte, mir mit allen Mitteln ein schlechtes Gewissen zu suggerieren, sprach von tiefster Enttäuschung darüber, dass ich sie nicht als Erste begrüßt hatte. Auf einem Fest, das an dem Tag noch stattfand, erklärte sie vielen Gästen, wie sehr sie von meinem Verhalten auf dem Bahnsteig gekränkt worden sei. Ich verstand die Welt nicht mehr. Als ich meinen Vater das nächste Mal sah und ihn umarmen wollte, schob er mich von sich weg und hielt mir stattdessen nur seine Hand entgegen.

Ab diesem Zeitpunkt gab es keine körperliche Zuneigung mehr, lediglich formelles Handschütteln ließ mein Vater nunmehr zu. Ich empfinde dies als schmerzhafte Zurückweisung und habe diese ablehnende Geste als Kind nicht verstehen können. Auch als Erwachsene kann ich nicht nachvollziehen, wie ein Vater die Umarmung seiner kleinen Tochter strikt zurückweist und empfinde dies als sehr verletzend.

Raum für Ihre Notizen

LOGI-Methode

BEST-SELLER

Glücklich und schlank.
Mit viel Eiweiß und dem richtigen Fett.
Das komplette LOGI-Basiswissen.
Mit umfangreichem Rezeptteil.

Dr. Nicolai Worm

978-3-927372-26-9 **19,90 €**

Das große LOGI-Kochbuch.
120 raffinierte Rezepte zur Ernährungsrevolution von Dr. Nicolai Worm.
Mit exklusiven LOGI-Kompositionen der Spitzenköche Alfons Schuhbeck, Vincent Klink, Ralf Zacherl, Christian Henze und Andreas Gerlach.

Franca Mangiameli

978-3-927372-29-0 **19,95 €**

FLIP CHART TISCH AUFSTELLER

LOGI durch den Tag.
Kombinieren Sie Ihren LOGI-Abnehmplan aus 50 Frühstücken, 50 Mittagessen und 50 Abendessen. Maximale Sättigung mit weniger als 1.600 Kalorien und 80 Gramm Kohlenhydraten pro Tag!

Franca Mangiameli

978-3-927372-79-5 **29,95 €**

FLIP CHART TISCH AUFSTELLER

-FÜR-FACH KREISE

Die LOGI-Akademie.
LOGI lehren – LOGI verstehen.
Ein Leitfaden zur Patientenschulung und zum Selbststudium.

Franca Mangiameli

978-3-927372-59-7 **48,00 €**

FLIP CHART TISCH AUFSTELLER

Das LOGI-Menü.
Logisch kombiniert: 50 Vorspeisen, 50 Hauptgerichte, 50 Desserts.

Franca Mangiameli

978-3-927372-60-3 **29,95 €**

NEU

Das große LOGI-Fischkochbuch.
Köstliche Gerichte mit Fisch und Meeresfrüchten aus heimischen Gewässern und aus aller Welt.

Susanne Thiel | Anna Fischer

978-3-942772-07-5 **19,99 €**

Das große LOGI-Back- und Dessertbuch.
Über 100 raffinierte Dessertrezepte, die Sie niemals für möglich gehalten hätten. So macht Leben nach LOGI noch mehr Spaß!
Mit ausführlichem Stevia-Extrakapitel.

Franca Mangiameli | Heike Lemberger

978-3-927372-66-5 **19,95 €**

Das große LOGI-Grillbuch.
120 heiß geliebte Grillrezepte rund um Gemüse, Fisch und Fleisch.
Ein Fest für LOGI-Freunde.

Heike Lemberger | Franca Mangiameli

978-3-942772-12-9 **19,99 €**

Vegetarisch kochen mit der LOGI-Methode.
LOGI ohne Fisch und Fleisch?
Na klar! 80 innovative und kreative LOGI-Veggie-Rezepte.
Wenige Kohlenhydrate – glutenfrei!

Susanne Thiel | Dr. Nicolai Worm

978-3-927372-80-1 **19,95 €**

Das neue große LOGI-Kochbuch.
120 neue Rezepte – auch für Desserts, Backwaren und vegetarische Küche.
Jede Menge LOGI-Tricks und die klügsten Alternativen zu Pizza, Pommes und Pasta.

Franca Mangiameli | Heike Lemberger

978-3-927372-44-3 **19,95 €**

Abnehmen lernen.
In nur zehn Wochen!
Das intelligente LOGI-Power-Programm zur dauerhaften Gewichtsreduktion.
Mit diesem Tagebuch werden Sie Ihr eigener LOGI-Coach!

Heike Lemberger | Franca Mangiameli

978-3-927372-46-7 **18,95 €**

Leicht abnehmen!
Geheimrezept Eiweiß.
Gewicht verlieren mit Eiweiß und Formula-Mahlzeiten. Und dann: gesund und schlank auf Dauer mit LOGI.

Dr. Hardy Walle | Dr. Nicolai Worm

978-3-927372-39-9 **19,95 €**

Leicht abnehmen!
Das Rezeptbuch.
Gewicht verlieren mit Eiweiß und Formula-Mahlzeiten. Und für danach: 70 einfache und abwechslungsreiche LOGI-Rezepte.

Dr. Hardy Walle

978-3-927372-40-5 **12,95 €**

NEU

LOGI im Alltag, in der Praxis und in der Klinik.

Andra Knauer

978-3-942772-31-0 **8,99 €**

Bestellen Sie direkt beim Verlag.

Versandkostenfreie Lieferung.

Alle erschienenen Bücher sind sofort lieferbar.

Fett Guide.
Wie viel Fett ist gesund? Welches Fett wofür? Tabellen mit über 500 Lebensmitteln, bewertet nach ihrem Fettgehalt und ihrer Fettqualität.

Heike Lemberger
Ulrike Gonder | Dr. Nicolai Worm

978-3-942772-09-9 **9,99 €**

LOGI-Guide.
Tabellen mit über 500 Lebensmitteln, bewertet nach ihrem glykämischen Ind
und ihrer glykämischen Last.

Franca Mangiameli
Dr. Nicolai Worm | Andra Knauer

978-3-942772-02-0 **6,99 €**

Die LOGI-Kochkarten.
Die besten LOGI-Rezepte.
Einfallsreich, einfach, preiswert.

978-3-927372-45-0 **17,95 €**

NEU

Das große LOGI-Familienkochbuch.
Die LOGI-Ernährungsmethode für die ganze Familie in Theorie und Praxis.
Mit 100 tollen Rezepten, die auch Kind
schmecken.

Marianne Botta | Dr. Nicolai Worm

978-3-927372-96-2 **19,99 €**

OGI/Gesundheit

enschenstopfleber.
: verharmloste Volkskrankheit
:tleber.
Nicolai Worm
3-3-927372-78-8 **19,99 €**

hisch Essen mit Fleisch.
e Streitschrift über nachhaltige und
ische Ernährung mit Fleisch und
Missverständnisse und Risiken einer
eng vegetarischen und veganen
bensweise.
rre Keith | Ulrike Gonder
3-3-927372-87-0 **14,99 €**

ndrom X oder
n Mammut auf den Teller!
: Steinzeitdiät aus der Wohlstandsfalle.
Nicolai Worm
3-3-927372-23-8 **19,90 €**

ehr Fett!
rum wir mehr Fett brauchen, um
und und schlank zu sein.
ke Gonder | Dr. Nicolai Worm
3-3-927372-54-2 **19,95 €**

e Schlafmangel-Fett-Falle.
lechter Schlaf macht dick und krank.
: Sie trotzdem gesund und schlank
ben.
Nicolai Worm
-3-927372-94-8 **14,95 €**

Heilkraft D.
Wie das Sonnenvitamin vor Herzinfarkt, Krebs und anderen Zivilisationskrankheiten schützt.
Dr. Nicolai Worm
978-3-927372-47-4 **15,95 €**

Stopp Diabetes!
Raus aus der Insulinfalle dank der LOGI-Methode.
Katja Richert | Ulrike Gonder
978-3-927372-56-6 **16,95 €**

Stopp Diabetes! Praxisbuch.
Ernährungs- und Bewegungspläne.
LOGI-Methode.
Ein besseres Leben mit Diabetes.
Katja Richert
978-3-942772-08-2 **16,99 €**

Iss einfach gut.
Das Prinzip Nahrungskette – einfach und pragmatisch erklärt vom Koch der deutschen Fußballnationalmannschaft.
Holger Stromberg
978-3-942772-28-0 **18,99 €**

auch erhältlich in Luxusausführung (mit Poster, mit Moleskine Gummi und Kalender als Poster)
978-3-942772-50-1 **24,99 €**

Das angesagte, neue Ernährungsthema im systemed Verlag: Gezielt essen bei Krebserkrankungen, Alzheimer und Demenz mit ketogener Ernährung.

Krebszellen lieben Zucker – Patienten brauchen Fett.
Gezielt essen für mehr Kraft und Lebensqualität bei Krebserkrankungen.
Prof. Ulrike Kämmerer
Dr. Christina Schlatterer | Dr. Gerd Knoll
978-3-927372-90-0 **24,99 €**

ERSCHEINT JUNI 2013
VORBESTELLBAR AB SOFORT!

Ketoküche für Einsteiger: Rezepte und Kraftshakes.
Über 50 ketogene Rezepte zur Krebstherapie, Alzheimerprävention und Gewichtsreduktion.
Ulrike Gonder | Andra Knauer
978-3-942772-42-6 **12,99 €**

Stopp Alzheimer!
Wie Demenz vermieden und behandelt werden kann.
Dr. Bruce Fife
978-3-942772-26-6 **24,99 €**

Stopp Alzheimer! Praxisbuch.
Wie Demenz vermieden und behandelt werden kann.
Dr. Bruce Fife
978-3-942772-27-3 **12,99 €**

Kokosöl (nicht nur) fürs Hirn!
Wie das Fett der Kokosnuss helfen kann, gesund zu bleiben und das Gehirn vor Alzheimer und anderen Schäden zu schützen.
Ulrike Gonder
978-3-942772-38-9 **5,99 €**

Das Beste aus der Kokosnuss.
Natives Bio-Kokosöl und Bio-Kokosmehl.
Ulrike Gonder
978-3-942772-56-3 **4,99 €**

Positives über Fette und Öle.
Warum gute Fette und Öle so wichtig für uns sind.
Ulrike Gonder
978-3-942772-57-0 **4,99 €**

Alle 3 Broschüren im Paket
978-3-942772-55-6 **12,00 €**

www.systemed.de

systemed verlag

Yoga/Achtsamkeit

Brahmadev Marcel Anders-Hoepgen ist eine der einflussreichsten Persönlichkeiten im Sampoorna Yoga. Bei systemed erscheinen seine Lehrmaterialien in Buchform, auf DVD und auf CD.

Das Hatha Yoga Lehrbuch.
Sampoorna Hatha Yoga, Perfektion in Bewegung. Die 150 schönsten Übungen.
Marcel Anders-Hoepgen
978-3-927372-53-5 **29,95 €**

- **Sampoorna Hatha Yoga Stunde** (DVD)
  978-3-927372-64-1 **17,95 €**
- **Sampoorna Hatha Yoga Stunde** (CD)
  978-3-927372-65-8 **14,95 €**

- **Sampoorna Hatha Yoga Stunde Stufe 2** (DVD)
  978-3-942772-04-4 **17,95 €**

- **Sonnengruß, Teil 1** (DVD + CD)
  Das perfekte Workout
  978-3-927372-77-1 **16,95 €**

- **Sonnengruß, Teil 2** (DVD + CD)
  Der perfekte Stressabbau
  978-3-927372-97-9 **16,95 €**

Nada-Yoga-Musik-Reihe

- **Shanti** (CD)
  978-3-942772-29-7 **12,99 €**
- **Gelassenheit** (CD)
  978-3-942772-15-0 **12,99 €**
- **Eternal OM** (CD)
  978-3-942772-16-7 **12,99 €**
- **Runterkommen** (CD)
  978-3-942772-17-4 **12,99 €**

- **Augenentspannung** (CD)
  978-3-927372-71-9 **8,95 €**
- **Gleichgewicht** (CD)
  978-3-927372-72-6 **8,95 €**
- **Nackenentspannung** (CD)
  978-3-927372-70-2 **8,95 €**
- **Oberen Rücken stärken** (CD)
  978-3-927372-73-3 **8,95 €**
- **Unteren Rücken stärken** (CD)
  978-3-927372-74-0 **8,95 €**
- **Bauchmuskulatur stärken** (CD)
  978-3-927372-75-7 **8,95 €**

- **Besser schlafen.** (CD)
  Entspannung für die Nacht.
  978-3-942772-25-9 **12,99 €**
- **Gut schlafen.** (CD)
  Entspannung für die Nacht.
  978-3-927372-62-7 **9,95 €**
- **Kraft tanken.** (CD)
  Entspannung für den Tag.
  978-3-927372-61-0 **9,95 €**

Yoga: Jeden Tag neu!
Über 100.000 mögliche Kombinationen für Übungseinheiten à 5 bis 10 Minuten.
Marcel Anders-Hoepgen
978-3-927372-69-6 **28,00 €**

Hebammen Yoga
Übungen zur Geburtsvorbereitung und Rückbildung. *Inkl. Mantra-Audio-CD.*
Marcel Anders-Hoepgen
978-3-927372-99-3 **19,99 €**

- **Hebammen Yoga** (Doppel-DVD)
  Übungen zur Geburtsvorbereitung und Rückbildung.
  978-3-942772-03-7 **16,95 €**

Der Glücksvertrag
Das 21-Tage-Programm. Ein glückliches Leben in Balance dank einer Formel aus Psychologie und fernöstlicher Heilkunst. *Inklusive DVD.*
Ashish Mehta | Gela Brüggemann
978-3-942772-14-3 **19,99 €**

Anti-Stress-Yoga.
Mit Yoga und Ernährung zurück in die Life-Work-Balance.
Petra Orzech
978-3-942772-46-4 **19,99 €**

Andullation
Quelle der Gesundheit
Einfache Wege gesund zu werden und zu bleiben
Birgit Frohn | Prof. Dr. Roland Stutz
978-3-942772-20-4 **18,99 €**

Schlank durch Achtsamkeit.
Durch inneres Gleichgewicht zum Idealgewicht
Ronald Pierre Schweppe
978-3-942772-00-6 **14,95 €**

Achtsam abnehmen – 33 Methoden für jeden Tag.
Ronald Pierre Schweppe
978-3-942772-30-3 **12,99 €**

Mut zur Trennung.
Plädoyer für eine mutige und produktive Entscheidung – Kinder brauchen Aufrichtigkeit.
Jutta Martha Beiner
978-3-942772-47-1 **15,99 €**

Mehr Infos zum Programm, zu den Autoren und zu weiteren Neuerscheinungen finden Sie im Internet auf www.systemed.de.

OGI/Gesundheit

NEU

w-Carb für Männer.
Mann – (k)ein Bauch.
t noch übersichtlicher – mit komplett
rarbeiteter Kohlenhydrattabelle
Nachschlagen.
bara Plaschka | Petra Linné
-3-942772-52-5 **15,99 €**

Ernährungsfallen
und wie sie mit Low-Carb
vermeiden sind.
n typischen Alltagssituationen
ür Büro und Freizeit
nit Einkaufsführer im Supermarkt
nit ausführlichem Restaurant-Guide
bara Plaschka | Petra Linné
-3-927372-55-9 **15,95 €**

te Kohlenhyrate –
lechte Kohlenhydrate
ade verlieren und Energie tanken
ara Plaschka | Petra Linné
3-927372-81-8 **12,95 €**

roris Taschenbücher

NEU

wer verdaulich.
urs die Ernährungsindustrie
et und krank macht.
e Weill
3-942772-40-2 **12,95 €**

NEU

Kohlenhydratkartell.
die Diätkatastrophe, die finsteren
enschaften der Zuckerlobby und
e aus dem Diätendschungel.
ord Opoku-Afari
3-942772-39-6 **12,95 €**

ERSCHEINT SEPTEMBER 2013

VORBESTELLBAR AB SOFORT!

Der LOGI-Muskel-Coach.
Die ultimative Sporternährung für
Muskelaufbau und Ausdauertraining.
Dr. Torsten Albers | Dr. Nicolai Worm
978-3-942772-13-6 **19,99 €**

Bauch, Beine, Po – das
LOGI-Workout für Frauen. (DVD)
Inklusive ausführlichem Booklet.
Matthias Maier | Dr. Nicolai Worm
978-3-927372-98-6 **14,95 €**

Mehr vom Sport!
Low-Carb und LOGI in der
Sporternährung.
Unter Mitwirkung zahlreicher
Spitzensportler: Boxweltmeister Felix
Sturm, Schwimmprofi Mark Warnecke,
Leichtathlet Danny Ecker und viele mehr.
Clifford Opoku-Afari | Dr. Nicolai Worm
Heike Lemberger
978-3-927372-41-2 **19,95 €**

FÜR FACHKREISE

LOGI und Low Carb
in der Sporternährung.
Glykämischer Index und glykämische
Last – Einfluss auf Gesundheit
und körperliche Leistungsfähigkeit.
Jan Prinzhausen
978-3-927372-30-6 **24,90 €**

Endlich schlank ohne Diät
Erfolgreich abnehmen ohne JOJO-Effekt
und Kalorienzählen - nach dem
LOGI-Erfolgsprinzip von Dr. Nicolai Worm.
Anna Cavelius
978-3-942772-10-5 **9,99 €**

Fit mit 100
Jung bleiben, länger leben
- Ein Leben lang schlank & glücklich
- Programme für Körper und Seele
- 100 wertvolle Ernährungstipps

Klaus Oberbeil
978-3-927372-93-1 **14,99 €**

Kräuter & Gewürze als Medizin
- Gesund und schlank mit Vitalkräften aus der Apotheke der Natur.

Klaus Oberbeil
978-3-927372-92-4 **19,95 €**

NEU

Ich habe so lange
auf Dich gewartet!
Der lange Weg durch die Kinderwunsch-
therapie. Ein Tagebuch – ärztlich
kommentiert und ergänzt – über
Hoffnungen, Misserfolge, Wegbegleiter
und das Wunschkind.
Prof. Dr. Michael Ludwig | Maileen L.
978-3-942772-11-2 **15,99 €**

Der Burnout-Irrtum
Ausgebrannt durch Vitalstoffmangel –
Burnout fängt in der Körperzelle an!
Das Präventionsprogramm mit
Praxistipps und Fallbeispielen.
Uschi Eichinger | Kyra Hoffmann
978-3-942772-06-8 **19,99 €**

Gesund durch Stress!
Wer reizvoll lebt, bleibt länger jung!
Hans-Jürgen Richter | Dr. Peter Heilmeyer
978-3-927372-42-9 **15,95 €**

Allergien vorbeugen.
Schwangerschaft und Säuglingsalter
sind entscheidend!
Dr. Imke Reese | Christiane Schäfer
978-3-927372-50-4 **14,95 €**

Natürlich verhüten ohne Pille.
Welche Methode ist die beste?
Alle sicheren Alternativen. Was tun bei
Kinderwunsch? Wie man die natürlichen
Techniken rasch und sicher erlernt.
Anita Heßmann-Kosaris
978-3-927372-63-4 **14,95 €**

Köstlich kochen mit Tee.
Einfache und inspirierende Rezepte.
Tanja und Harry Bischof
978-3-927372-67-2 **18,95 €**

Yes, I can!
Erfolgreich schlank in 365 Schritten.
Dr. Ilona Bürgel
978-3-927372-51-1 **15,00 €**

systemed Verlag
Kastanienstraße 10
D-44534 Lünen
Telefon: 02306 63934
Fax: 02306 61460
faltin@systemed.de

systemed verlag

Redaktion: systemed Verlag, Lünen
systemed GmbH, Kastanienstr. 10, 44534 Lünen

Lektorat: Sarah Schocke, Frankfurt

Korrektorat und textliche Bearbeitung: Angelika Stute, Rühen
Nele Teschler, Lünen

Umschlaggestaltung: Hauptmann & Kompanie Werbeagentur, Zürich

Satz: A flock of sheep, Lübeck

Druck: Offizin Andersen Nexö Leipzig, Zwenkau

ISBN: 978-3-942772-47-1

1. Auflage

systemed verlag